インバスケット思考3

社長テスト

あなたの資質と能力がわかる本

株式会社インバスケット研究所
代表取締役
鳥原隆志
Takashi Torihara

WAVE出版

はじめに
「社長業」に挑む勇気はあるか

今、日本が抱えている深刻な問題。それは「社長不足」です。

2025年には、後継者不足が原因で125万社が廃業するといわれています。国を挙げて進めている「働き方改革」も確かに大事ですが、「社長育成」はもっと大事な問題です。次世代の社長を早急に育てないと、125万社が消滅することになり、そこで働いている人たちが路頭に迷うことになります。

「自分は社長にふさわしい人間だ」。

こう思う人は珍しいのかもしれません。しかし私は、今この本を読んでいるあなたを含め、多くの人が社長の資質を持っていると考えます。それなのに、現実として「社長不足」という事態が起こっているのは、ただ「自分には社長なんてとても……」と、自分のことを過小評価している人が多いだけなのです。

社長には特別な資格はいりません。高い学歴も必要ありません。国家資格や博士号を持っていなくても、社長は務まるのです。意外とハードルの低い仕事です。どんどんチャレンジするべきです。


あなたは「社長」に対して、どのようなイメージを抱いているでしょうか。

「お金持ち」「偉そう」「孤独」。

私が持っていたイメージはこの3つでした。

しかし、いざ自分が社長になってみると、このイメージと現実はまったく違うことに気づきました。

たとえば「お金持ち」というイメージ。確かに数千万円の報酬を得ている社長も多くいますが、全員がそうではありません。それどころか、無給同然で働いている社長もたくさんいます。「お金持ち」はあくまでも「結果」であり、実際に「お金持ち」になれるかどうかは社長次第だということです。

「偉そう」「孤独」についても同じです。それはたまたま、私が思い浮かべた社長像がそうだっただけの話であり、謙虚で腰の低い社長もいれば、社員からの信頼が厚く、常に頼られている社長もいます。

つまり社長という仕事は、「つらい」とか「自由」というような決まったパターンはなく、社長自身の働き方次第で大きく変わるということなのです。

言い換えれば、本書で社長の仕事を細かく解説しても、それはある一部分だけにしかすぎず、「社長の仕事」のすべてをあなたに伝えることはできないということです。それはたとえば、ボウリングをしたことのない人に、ストライクを3連続で取ったときの爽快感や、3連続でガターになったときの悔しさを伝えきれないのに似ています。実際に社長を経験しないとわからないことが山ほどあるのです。

ならばなぜ、私が本書を執筆したのか。その意図は、本書を通してあなたに社長を模擬体験していただき、あなた自身の中にある「社長としての潜在能力」がどれほどのものなのか、あるいはあなたが実際に経営したら「どのようなかたちで会社を潰すことになるのか」を経験してもらうことにあります。

「社長とはどのような仕事なのか」。それを伝えるには、経験してもらうのがいちばん手っ取り早いということです。

本書の活用法

本書は、主に次のような人のために書きました。

○「後継者問題」で悩む社長

これから後継者を探そうと考えている社長は、有望な部下に『社長テスト』に挑戦してもらい、自分の後継者選びの裏付けとして使っていただくのもいいでしょう。

○「社長をしなければならない」ことが決まっている人

2代目社長、3代目社長として、早くから「社長をしなければならない」ことが決まっている人は、自動車運転免許を取る前のシミュレーターの感覚で、『社長テスト』を通して経営思考を研ぎ澄ましましょう。

○「いつか社長になろう」と決意している人

これから創業を考えている人は、実際に社長になったときのイメージを明確化し、どのようにすれば失敗せず成功するのか、自己成長の証にするといいでしょう。

○「興味本位」で社長職を経験したい方

社長になろうなんてまったく考えていない人にも、『社長テスト』は役立ちます。社長を経験することで、自分自身の仕事を全体の視点から見ることができますし、経営思考を身につけて自身の生き方にプラスにすることもできるでしょう。また、自分が勤めている会社の社長は日々、こんなことを考えているのかという発見もあるはずです。

本書は決して、名物社長による社長論でもなければ、社長業を体系立てて説明している本でもありません。あなた自身が、社長の仕事を体験できる本なのです。

成長は「知識」ではなく「経験」がもたらす。私はそう確信しています。経験が気づきを生み、その気づきが成長をうながすからです。

『社長テスト』が、あなたの良質な気づきを生み出すために貢献できれば幸いです。

そして2025年、125万社が「後継者不足」で消滅することなく、本書が日本の素晴らしい産業力の向上に寄与できているのだとしたら、これに勝る喜びはありません。

2018年11月

鳥原　隆志

目次

第2章 社長テスト

第3章 社長テストに合格したあなたへ

本書に登場する人物・企業・団体等はすべて架空のものです。

本書の内容を参考に運用された結果については責任を負いかねます。あらかじめご了承ください。

ブックデザイン
金井久幸
［TwoThree］
カバーイラスト
山内庸資
校正
小倉優子
編集協力
前田浩弥

第 1 章

あなたの「社長」としての実力はどれほどか？

1 なぜあなたに「社長」を勧めるのか

社長にはリスク以上の「大きなメリット」がある

社長は会社のトップです。会社の運命はすべて社長にかかっています。

言うまでもなく、その責任は重大です。「社長は楽な仕事か、大変な仕事か」と問われれば、私は即、「大変な仕事だ」と答えます。

それでも私はあなたに、社長になることを勧めます。

「社長」という仕事を嫌う人の多くは、そのリスクばかりを見ています。たとえば「何か不祥事が発覚したら責任を取らされそう」とか、「経営が傾いたら借金まみれになりそう」といった面です。

しかし現実には、社長になった人の多くは、会社員に戻ろうとしません。

なぜでしょうか。

「社長」という仕事には、あなたが知らないメリットが、リスク以上にたくさんあるからです。

社長のメリットは「３Ｋ」に集約されます。

かつて「３Ｋ」といえば、「きつい（Kitsui）」「汚い（Kitanai）」「危険（Kiken）」と、労働環境が劣悪であることを示す言葉でした。

今からご紹介する社長の「３Ｋ」は、このイメージとはまったく違うものです。

社長の「３Ｋ」その①　高収入

一つ目のＫは「高収入」。全員が全員、高い収入を得られているわけではないことは、「はじめに」でも述べました。しかし会社の中ではいちばん高い給料（報酬）をもらえる立場であることも確かです。

結果を出せばその分、収入も増えます。加えて上場企業の場合は、自社の株を持っていれば、業績の向上に伴い株価も上がり、収入はさらに増えます。

頑張れば頑張るほど、その頑張りが「高収入」というかたちで正当に返ってくるのが社長という仕事なのです。

「はじめに」で述べたように、借金まみれに陥る社長も中にはいます。ただ、どんなに業績が悪化しても借金まみれに陥らない方法も、あるにはあります。

最初から借金をしなければよいのです。

私自身、会社を立ち上げてしばらくは、無借金経営を貫いてきました。現在は銀行との「お付き合い」もあり、少々のお金を借りてはいますが、借り入れ額以上の預金をしています。

地道な小商いを続けていけば、借金まみれになるリスクはありません。

もちろん、私の経営方針が正解かどうかはわかりません。ただ、「社長＝借金を負わされる」と考えるのならば、それは必ずしも正しくないと言いたいのです。

サラリーマンとして毎日頑張って働いているのに、いまいち評価されないと感じている人や、仕事の割に収入が少ないと感じている人は、今すぐ本書の第2章「社長テスト」を受けるべきです。

社長の「3K」その② 快適

2つ目のKは「快適」です。

社長はやりたい仕事だけを、やりたいようにできます。

こう書くと、まるで社長が自分勝手なように感じるかもしれませんが、そうではありません。やりたい仕事だけをやりたいようにやることこそが、社長の仕事なのです。

会社が何を目指し、どのように進むのか。社長はその決定を求められます。

社長向けの本は書店にあまたあります。その中の多くには、社長がまるで奴隷のように書いてあります。「経営は苦しい仕事」「いちばんつらい仕事」と、シビアな文面がこれでもかと登場します。

私はその考えを否定しません。ただ、社長は自分自身で仕事のスタイルをつくりあげることができるのも事実です。わざわざ好き好んで「奴隷」を目指す必要もないわけです。

社長はもっと楽しんで仕事をするべきだ。私はそう考えます。「奴隷」のような苦しくつらいイメージこそが、「後継者不足」の最たる原因だからです。

多くの社長は、やりたい仕事をやり、会いたい人に会っています。逆に言えば、やりたくない仕事はやりませんし、会いたくない人には会いません。上司のご機嫌を気にしながら仕事をする必要もありませんし、勤務時間も自分で決められます。

ただし、すべてを自分でコントロールすることができるがために、つい「楽なほう」に流されてしまい、堕落する社長も中にはいます。自分に厳しい経営者が生き残るのもまた、一つの事実ではあります。

「楽しい」と「楽」のバランス感覚が求められますが、すべてを自分で決められるという点で言えば、社長ほど快適な仕事はありません。

社長の「3K」その③　かっこいい

3つ目のKは「かっこいい」です。

決してふざけているわけではありません。いたってまじめです。

スポーツ選手、警察官、医師、大工さん。子どもが「夢」としてこのような職業を挙げる理由の大多数が「かっこいいから」です。「かっこいい」という要素を侮ってはいけません。

あなたの名前の上に「代表取締役社長」という肩書が記された名刺を想像してみてください。今の名刺と同じ紙質、同じデザインでも、急に重みが増すと思いませんか？

「専務」でも「常務」でも重みはあるのですが、「社長」の重さにはかないません。「最後には、この人の判断ですべてが決まってしまう」という強力な権限を持つすごい人。「代表取締役社長」と記された名刺には、このような重みがあるのです。

私が起業をして間もない頃、ある企業にプレゼンをしにいったときのことです。先方は8人ほどが出席していました。一人ひとりにあいさつをしようとすると、担当の人はそれを遮りました。そして「はい、さっさとやって。あんたのところの社長の本を読んで興味を持ったけど、いまいちよくわかんないんだよね」と、ビジネスの場で使うにはあまりにもフランクな口調で、私にプレゼンをするよう促しました。

私はそこで気づきました。「ああ、この人は、私を社長と認識していないのだ」と。

嘘をつくのもどうかと思い、自分が社長であると告げたところ、8名の目の色が変わり、ぞんざいな口調だった担当の人が慌ててお茶を出してくれました。

名刺に「代表取締役社長」とあるだけでこれだけ対応が変わるのかと驚いたエピソードです。

肩書は人を育てるといいます。社長はとくにその傾向が強いと感じます。社長という肩書を背負うと、着るものや食べるものもそれなりになってきます。社外の人から呼ばれる席も、単なる経営幹部の頃とは違いますし、会う相手も変わります。社長のステータスは必然的に高くなります。

自分をもっと高めたい人や、高いステータスを味わいたい人、一ランク上の世界に興味がある人は、ぜひとも社長職をお勧めします。

決して「ぬるま湯」ではないが、これ以上なく楽しい仕事。それが「社長」

いかがでしょうか。

私自身は、「社長になろう」としてなったというより、会社員時代に「今の状態から抜け出したい」という思いが強くあり、結果としてたどり着いたのが「社長」という仕事です。

どちらかといえば、消極的な理由だったのかもしれませんが、「社長になる」という決断をしてよかったと心から思います。

社長業は他責にできません。経営が成功するも行き詰まるも、すべて自分自身の力です。そこにぬるま湯はなく、常に戦場なのかもしれません。

しかしそれでも私は、あなたに社長という仕事をお勧めします。

本書の第2章で、一度、社長を体験してみてください。

きっと、あなた自身が知らない社長職のメリットを感じられることでしょう。

社長の「デメリット」

ここまで、社長という仕事がいかに素晴らしいか、そのメリットばかりをお話ししてきました。デメリットについてもお話ししなければ、バランスが悪くなりますね。

社長になると、気を付けなければならないことがいろいろと出てきます。

社長になった途端、変な人がたくさん寄ってきます。

新しい人との出会いが増えるのも社長の魅力ですが、半面、その中には危険な人も多くいます。

一例を挙げれば、社長直談判のセールスです。「社長を落とせ」は営業マン向けの書籍の常套句。今度は自分が、そのターゲットとなってしまうのです。窓口となる部署に門前払いをお願いしても、相手はプロ。あの手この手で、あなたの知り合いを装い、コンタクトを取ろうとしてきます。

取材やインタビューを装った広告ビジネスも多くあります。

「私は〇〇経済新聞から依頼を受けた△△です。このたび『注目の社長』として、××社長の取材を申し込みたいのですが」なんてオファーがくれば、多少なりともうれしくなるものです。

しかしその実際は、記事を掲載するには広告を載せなければいけなかったり、高額の掲載料金を支払わなければいけなかったりと、単なる「取材」でないことがほとんど。最初のコンタクトは「取材依頼」ではなく「営業」だったというわけです。

このほかにも、協業の誘い、秘書サービスの営業など、胡散臭い人が多く寄ってきます。そのため、多くの社長はガードが固く、すぐに会えないような仕組みをつくって、身を守っているわけです。


また、社長になると、発言にも気を付けなければなりません。

仮に他意がない発言だとしても、社長の一言は破壊力が違います。社長と課長とでは、同じ「一言」でも、まったく重みが違うのです。

とくに、対外的な発言は気を付ける必要があります。社長の一言は、会社の最終決定となってしまう一言だからです。

たとえば、商談で安易に「それ、いいですね」というと、そこで商談は決まったようなものです。「詳しくは担当と詰めてください」と言うに止めなければいけません。

社内会議でも、発言を押さえる必要があります。社長が発言すると、それが「決定事項」になるからです。思ったことを言えないストレスから、あえて会議に出ないことも私はよくあります。

このように、社長になると、一般社員や幹部と違い、ややこしいしがらみが生まれるのも事実です。ただそれを考えても、やはり社長はメリットだらけです。

「３Ｋ」をも上回る最大のメリット。それは「経営を知ることができる」点にあります。

次項で詳しく見ていきましょう。

2　経営を知る3つのメリット

経営とは「事業を運営し続けること」

突然ですが、質問です。
「経営」とは何でしょうか。

会社員として仕事をしていれば、一日に一度は「経営」という言葉に出くわします。「経営者」「同族経営」「経営破たん」「経営コンサルタント」「経営学部」「無借金経営」……挙げだしたらキリがありません。

私が初めて経営という言葉に出会ったのは、ゲームの世界の話です。大学生の頃、「経営シミュレーションゲーム」にハマりました。「自分にも経営ができるのか」という不安と、事業がうまく回り始めているときの快感から、寝食を忘れて深夜までやったのを覚えています。

経営とは「事業を運営し続けること」です。

事業を運営するためには、組織を動かし、利益を出し続けて、競争相手に負けないようにしなければなりません。

そのために必要な思考を、私は「経営思考」と呼んでいます。

経営思考は、実際に経営をした人間ではないと身につきません。

「経営思考」で身につく３つの力

経営思考はバランスが大事です。

その時々によって発揮する能力のバランスを取らないと、事業はさまざまなパターンで倒産の危機に瀕します。

どちらかというと、「うまく経営しよう」と考えるよりも、「どうすれば事業活動が停止しないか」を考え、常に対策を打ち続けることが求められるのです。

経営思考は、社長でなくても大いに役立ちます。

まず、自分のやりたいことを見つけることができます。

経営とは「何を目指して何をやるか」を決めること。誰かに「こうしろ」と言われてやるものではありません。

経営思考を身につければ、自分自身の生き方にも適用できますし、部署のリーダーとしても、部下から見て「方向性を立ててくれるリーダー」として尊敬されることでしょう。

続いて、顧客志向も身につきます。

先日、新しくできた複合商業施設にふらっと寄ってみました。単に「お客さま」として訪れただけなのですが、一つひとつのお店がどのようなお客さまのどのようなニーズを満たすのかと、つい経営者の目線で考えてしまいます。

「四六時中、顧客ニーズを読み取ろうとする癖」が体に染みつくのです。

日々変わる市場の中で、顧客のニーズを感じ取れないと、会社はあっという間に取り残され、干からびて倒産してしまいます。顧客志向は、社長でなくても身につけたいものです。

また、経営思考が身につくと、「長期的な視点」と「全体的な視点」が養われます。

経営は「自社」だけを見ていてはいけません。そして「今」だけを見ていてもいけません。

社長はよく、船長にたとえられます。肉眼で見える視界だけではなく、レーダーを使ってより大きな世界で起こっていることを察知しなければなりませんし、今後の天候や波の状況にも気を配らなければなりません。

そしてこれは社長だけではなく、一般社員も同じ。会社員とはいえ、一寸先がどうなるかはわからない時代です。「長期的な視点」と「全体的な視点」を身につけておいて損はありません。

「経営を学ぶ」とは、いわば「うまく生きる」ことを学ぶようなものです。

「自分経営」という言葉もあるように、会社が経営できる人は、自分自身をも上手に経営できると言ってもいいでしょう。

3　さあ、「社長テスト」を受けてみよう

人はなぜ「テスト」を受けるのか

あなたは、いくつの資格を持っていますか？

履歴書に書ける資格を10個ほど持っている私ですが、実際にその資格を活かして仕事をしているかというと、案外、そうでもないことに気づきます。

時代を問わず、そして資格の種類を問わず、資格試験は人気です。

必ずしも仕事に役立つわけではないのに、私たちはなぜ、テストを受け、資格を取ろうとするのでしょうか。

大きく分けて、3つの理由があります。

①勉強の動機付け

勉強するときには、何らかのマイルストーンを設定するとやる気が出ます。

私自身、会計の勉強をしたときは、「せっかくだから簿記検定を取ろう」と思い、そこを目指して勉強をしました。インバスケットでも「判断力検定」という検定を用意し、勉強の動機付けとして位置づけています。

②いざというときの保険

今の仕事がなくなったときの保険です。「手に職があれば路頭に迷わない」と考え、受験する人も多くいます。

③自分の成長のため

資格は「人生のポイントカード」のようなものです。テストを受けて得た多くのポイント（資格）は、自分が成長してきた足跡なのかもしれません。

私は本書の「社長テスト」もそのような感覚でいいと考えています。

あなたが社長になったときにどのような経営スタイルをとるのか。うまく経営をするためには何を学ぶべきなのか。それを知るのは、仮に社長という職に就かなくても、大きな価値はあると思います。

第2章では、実際に社長になっていただき、社長しか体験しないできごとに対して、あなた自身がどのような判断や行動をとるのかを客観的に観察してください。するとあなた自身が持っている経営思考が目覚め、実際に経営したとき、どのような失敗を犯しやすいのかも知ることができます。

あなたの「思考の癖」がわかる

第2章で体験していただくのは、インバスケットという模擬体験ツールです。インバスケットはアメリカ空軍から生まれたといわれており、現在では多くの企業の管理職登用試験などで用いられています。

本書に掲載している問題は、インバスケットを少しアレンジして、経営思考が発揮されるのかどうかが測定できるようにしています。

まず、ストーリーの主人公になり切り、制限時間の中で、各案件や全体に対してどのような判断をするのかをメモしてください。続いて、各案件の選択肢を見て、自身の考えに近いものを選び、解説を読んでください。

そのうえで、巻末にあるチェックシートに従ってあなたが選んだ選択肢を自己採点し、自らが社長になったときにどのようなパターンで会社を倒産させるリスクがあるのかを知ってください。その結果を、経営者はそのまま自身の経営に照らし合わせ、経営者ではない人は自分自身の生き方と照らし合わせ、振り返ってみてください。

このツールはあくまでも簡易的なものです。

しかし、多くの気づきを得られると確信しています。

その気づきを何らかの行動につなげるきっかけになることを、私は望んでいます。

第 2 章

社長テスト

プロローグ

問題だらけのケーキ製造会社を立て直せ！

ここは東京中心部にあるターミナル駅。多くの人が行き交う。

「ケーキのたま」東京中央店はこの駅のテナントだ。中央改札を出て右手に見えるショーケースがＬ字型に配置されている洋菓子店。ショーケースには色とりどりのケーキやシュークリーム、プリンが並んでおり、４人のスタッフが対面で接客をしている。

青山みあも、珍しい和風ケーキが並んだショーケース越しに接客をしていた。

「ご注文をお伺いしましょうか」

「そうね、実は迷っているのよ。これは中に何が入っているのかしら」

40代のＯＬ風の女性が冷蔵ケースの中のどら焼きを指差した。

「はい。こちらはイチゴ、ベリー、バナナの３種を細かくクラッシュした生クリームが入っております」

「えっ？　生クリーム？　珍しいわね。どら焼きなのに」

「はい、こちらは当店でナンバー1の売れ筋になっております」

「じゃあ、それいただこうかしら」

「ありがとうございます」


みあは頭を深々と下げて、手慣れたトングさばきで小箱にどら焼きを詰めた。


「あっ事業部長、あとは私が……」

みあのトングを取ろうとするのは店長の金田だ。

「えっ？　事業部長さん……？」

客が目をドングリのようにして驚いている。

「あ……はい、和菓子事業部長の青山と申します」

みあはそう言うと、客に商品を渡して頭を下げた。


「まったく、事業部長は店が好きですなぁ」

店舗のバックルームで、金田がみあにお茶を入れながら微笑む。

金田はケーキのたまに入社して40年が過ぎ、この会社では店長として最古参だ。

その金田が入れたお茶をすすりながら、みあは言った。
「だって、本社ってなんだか堅苦しくて。ひょっとして金田さん……私、迷惑？」
「何を言っておられますか。もちろん大歓迎ですよ。ですが変わっていませんな。事業部長は」

青山みあは、この会社で特異なキャリアを持っている。

大学を卒業してケーキのたまに入社した。アルバイトのまま社員にスカウトされたのがきっかけだ。そして入社４年でケーキのたまの主力店・東京中央店の店長に抜擢され、立て直しに成功した。その功績もあり、新事業である和菓子事業部の立ち上げにも成功。今は入社10年目で事業部長だ。社内では「ミラクル」を起こし続ける存在として、女性社員だけではなく、多くの従業員からキャリアモデルとして尊敬されている。

ケーキのたまは名前の通り、ケーキを主力とした洋菓子専門店だが、みあが育てた和菓子事業は、本業の洋菓子事業を間もなく売り上げで追い越さんばかりの勢いで成長している。利益面ではすでに、洋菓子の2倍をはじき出している。

お茶を飲んで息をゆっくりと吐き終わると同時に、机の上に置いてあるみあのスマートフォンがバイブで踊りだした。

「社長だ……はい、青山です……わかりました。すぐに戻ります」

みあの顔色が変わったのを金田は見過ごさなかった。

「事業部長……なにか問題ですか？」

「金田さん、大丈夫ですよ……でも社長から直接呼び出しって、やっぱりただ事じゃないですよね」

金田は乗り出して言う。

「わかった、洋菓子部門を事業部長に見てほしいということですよ！　最近の洋菓子部門はどうかしておる。青山さんが洋菓子を見れば、ケーキのたまは完全復活じゃ！」

みあはエプロンをはずしながら言葉を返す。

「私も洋菓子を見たいのはやまやまだけど……あそこは白石事業部長や鮫島さんが頑張っているしね」

「じゃが、あいつらじゃ無理じゃ。そもそも考え方が古いからな」

「確かに洋菓子部門の落ち込みは歯止めがかからないようね。商品開発のメンバーも元気ないですしね」

「だからこそ、事業部長が洋菓子を……いや、もしかしたら、いっそのこと社長になってくれ、って話じゃないですかね」

「私が社長？　ははは。金田さん、相変わらず面白い冗談を言いますね」

みあはジャケットを羽織りながら店を出た。


電車の中で流れる景色を見ながら、みあは金田の言葉を思い出していた。

（社長……まさかね……）


東京郊外にあるケーキのたま本社の最上階では、社長の大蔵俊夫がみあを待っていた。

秘書が、さらに奥の部屋へとみあを連れていく。

東京中心部が見渡せる摩天楼。その部屋の中央にあるソファには、大蔵がどしりと腰掛けていた。


「なんだ、また店に行っていたのか」

大蔵は目を光らせながら言った。

「えっ、はい。申し訳ありません」

みあはたじろぎながら頭を下げる。

「まったく、本社にはいつもいないんだからな」

大蔵は浅黒く焼けた顔に微笑みを浮かべる。

みぁはちょこんと頭を下げ、ノートを取り出し、大蔵の座るソファの斜め対面に座った。


大蔵はこの会社の社長に着任して、来年で10年になる。前経営者の経営体制を一新し、斬新な人事体制を敷いたほか、和菓子業態変換で経営改革も行った。

青山みぁを最年少、女性初の店長に抜擢し、かつ、和菓子事業部部長として育てた、いわば親のような存在でもある。


みぁも大蔵の経営者としての姿勢を尊敬していた。

しかし、大蔵の経営大改革にもかかわらず、洋菓子の市場は縮小。消費者の健康志向が高まっているうえ、コンビニや海外チェーンの台頭もあり、屋台骨の洋菓子部門は苦戦している。経営も芳しくない。


「実は社名を『スイーツのたま』に変更しようと思っている」

これは先日、社長の大蔵から極秘に相談された内容だ。

みぁは大改革だと感じた、なぜなら、創業時から続く「ケーキのたま」という名前にこだわる専務をはじめ。会社全体に激震を与えるのは必至だからだ。

みあは（今日の呼び出しもそのことかな……）と考えていた。

「社長、今日は何か」

「実は、君にまた助けてほしいことがあるんだ」

みあは少したじろいだ。

「はい、と言いたいところですが、社長にそのようなお願いをされるときは、決まって大変なことばかりですよね。最初は主力店舗の店長に、次は和菓子プロジェクト……」

「さすがに察しが早い。そこでだ。次は社長になってくれ」

みあは大蔵を見つめると、しばらくして吹き出した。冗談だと思ったのだ。

「青山君、これは冗談じゃないよ。きみにはＣＴＦの社長になってほしい」

「ええーーーーーーーっ」

みあは立ち上がって大声を出したが、すぐに口を塞いだ。大蔵の眼力がそうさせたのだ。

大蔵は静かになったみあに言った。

「これには事情がある。ここからはトップシークレットだ」

みあは我に返り、ソファに腰掛けた。

「ＣＴＦの社長が辞任した」

「ＣＴＦというと、ケーキのたまファクトリー。確か、当社の洋菓子の６割はそこの会社が委託製造している……」

「ああ、関連会社になっているが、当社が株式の３分の１を持っている」

「その関連会社の社長がどうして辞任を？」

「まあ、見解の相違というかな。私はＣＴＦを早く株式上場させたい、でも彼は次期尚早という考えだった」

「それじゃあ、社長が辞めさせたということですか？」

「いや、彼が突然辞任をした。私は何も知らない」

「で、なぜ私がその後任に？　ＣＴＦにも優秀な方がたくさんいるでしょう」

大蔵は困惑した表情を見せた。

「まあ、ただな、誰を社長にするかは時間を掛けて精査したい。この会社の経営が当社の経営にも大きく影響するからな」

「どういうことでしょうか」

「つまり、君は『中継ぎ』だ。半年ほどで次の社長を見定めてほしい」

（中継ぎ……つまり次の社長が決まるまでの代打ってことね）

みあは少しホッとした。「まあ、社長の模擬体験をすると思えば面白いかも」と思うとともに、今まで売っていた製品の製造現場を知れる、いい機会だとも感じた。

「わかりました。半年っていう期限は間違いないですね？」

大蔵は大きく頷いた。

「へえ、青山さんが社長にねえ。相変わらずサプライズ人事が好きだね、大蔵社長は」

事業部長室でみあは、経営企画室長の甲斐と話している。

甲斐は、みあが店長に就任したとき、スーパーバイザーとして助言指導してきた人物だ。

「確かに、青山さんは女性社員の見本的存在だからね。関連会社とはいえ、社長になったら、もっと女性の活躍が増えるね」

みあは複雑な表情を見せながら、ボソッとつぶやいた。

「私、別に社長にも見本にもなりたくないんだけどね」

甲斐はみあの表情に沿わず、勢いのある口調で煽る。

「社長かあ。いいなあ。なんでも自分で決められるし、何しろ上司がいないっていうのがいいね」

「じゃあ、甲斐さんがなったらいいじゃん。私店長でいい」

甲斐はようやく、みあの不安そうな表情に気が付いた。

「でも、青山さん、これはチャンスだよ。ここで成功したら、ひょっとしてケーキのたまの社長も夢じゃない。それは青山さんのおじいさん、つまりケーキのたまの創業者の悲願でもあったんでしょ?」

みぁは表情を変えない。

「それに、たったの半年じゃない。ぼくが考えるに、これはきっと、大蔵社長の試験だよ」

「試験？　何の？」

「後継者だよ。いわば『社長テスト』だよ」

みぁは少し考えた。

「……やるしかないか。甲斐さん、またアドバイザーになってよ」

甲斐は笑いながらガッツポーズをした。

「もちろん」

翌日、みぁはＣＴＦに出向いた。

ＣＴＦの本社工場は千葉県浦安市にある。

近隣にはディズニーランドがあり、最近はこの工業地帯にも新しいホテルが立ち並ぶ。

駅から徒歩10分ほどで着いた。

工場の正門には警備室があったが誰もおらず、みぁは戸惑いながらもそのまま工場のドアをあけて中を覗いた。

「あの……」

するといつの間にか、50代後半の白衣を着た女性が近づいてきた。胸の付近に「森本」と書いてある。

「私……」

マスクを取るとみあに声をかけた。

「何やっているの、早くドアを閉めて。ほこりが入るでしょ」

「え、あ、ごめんなさい」

みあは森本の鋭い言葉に、自分が社長であることを一瞬忘れ戸惑いながらも、森本の後をついていった。

「え……あ、私……青山……」

「早く着替えて。10分遅刻じゃない」

みあは自分が社長であることを告げようとするが、森本は矢継ぎ早に言う。

「これがあなたのロッカーね。私物は場内に持っていけないから、ここに入れて。そしてこれが制服ね。早く着替えてちょうだい」

みあは何か勘違いされていると気づき、もう一度言いよどんだ。

「あの、私……」

するとブザーが鳴り、その女性は慌てて場内に戻った。

(まあ、現場を見るいいチャンスかも)

みあはそう考え、白衣と帽子、そしてマスクをつけて場内に入った。

自動ドアをくぐると、電話ボックスより1回りほど大きな部屋がある。

入った途端、ドアが閉じたのだが、工場内に入るドアが微動だにしない。

みあは閉じ込められたと思い、ドアをどんどんと叩いていると、森本が飛んできた。

森本は壁についている赤いボタンを押すよう、ガラス越しにジェスチャーで指示した。

赤いボタンを押すと、みあに向かってあらゆる方向から強い風が当てられ、数秒後にドアが開いた。

みあは「はあはあ」と肩で息をしている。森本はため息交じりに言った。

「もう、どんくさい子ね。これは服についたほこりを吹き飛ばす機械よ。はい、次は指洗浄」

みあは場内に充満する甘い香りを嗅ぎながら「きちんとしているなあ」と感心し、指を殺菌した。

森本はこの工場で働いて18年目のベテランらしい。

「じゃあ、あなたは今日初めてだから、まずこれね」

森本はみあに作業を教える。

今日のみあの「仕事」は、流れてくるケーキの上にイチゴを並べることだという。

「案外簡単ですね」

みあは楽しそうにイチゴを置いていく。

「そう言っていられるのも今だけよ。これを1日ずっとやってると、そう言っていられなくなるわ」

「え……1日……それも立ちながらですか」

みあは顔を曇らせた。

「あっ、それダメ」

森本がボタンを押して、突然ラインを止めた。

「ダメでしょ。このイチゴはこっちが上なの」

みあは何が悪いのかわからない。森本はイチゴを手の上で転がしながら言う。

「ほら、この面よりも、こっちのほうがいい色しているでしょ。それに形も……イチゴは形と色がすべて違うから、いちばんおいしそうな面を見せてあげるのよ」

「へえ……」

「あと、このイチゴはここが傷んでいるでしょ」

「あっ、えーと、そういわれるとそうかも」

「このケーキはね、人が食べるのよ。しかもお祝いやイベントで食べられるのよ。だから、これは思い出になるケーキなの。心を込めてつくらないとダメよ」

みあは目に涙を浮かべた。

（こんなに大切につくっているんだ。知らなかった）

みあは調理室の奥にある銀の扉が気になった。

「あの……あれは何の部屋ですか」

森本は答えた。

「あそこは倉庫よ、と言っても、ほとんど何も入っていないけどね」

そう言うと、銀の扉の横のボタンを押して、開けて見せた。

奥が広い冷蔵倉庫には、数箱の段ボールがあるだけだった。

「ここは普段もこんな感じですか」

「そうね、クリスマスくらいかな、ここを使うのは。だって考えてごらんなさい。ケーキがここにたくさんあったら困るでしょ」

「確かにそうですね」

みあは笑った。

「数日前はね、ここに生チョコの不良品がたくさん入ってきてね。まあ、どこかにいったけどね」

「生チョコって、チョコレートもつくっているんですか？」

「チョコだけじゃないわよ。向こうの部屋を見てごらん、あそこではパンを焼いているし、あっちの冷凍室ではアイスクリームをつくっているのよ」

「へえ、そんなのもつくっているんだ」

森本は得意げに語る。

「なんとかセブンとかいう計画だって工場長が言っていたけど、そんな余計なことするから洋菓子のラインが人手不足なのよね」

みあはきょろきょろと見渡し、隣のラインにある、あるものを見つけた。

「あ、えっと、これなんですか？」

「これはホイップクリームよ」

「どうしてロールケーキにホイップクリームを……」

森本はみあの顔を覗き込んだ。

「あら、あなた、ただ者じゃないわね。そうそう、2年前くらいに工場長が、生クリームからホイップクリームに原料を変更すると言って……原料には生クリームと書いているのに。味を調えるためだって言ってたけど、結局は原価を下げるためよ」

「ロールケーキにホイップクリーム……」

「まあ、私たちパートが反対したところでどうしようもなかったのよ。お客さんがそうしろって言っているんだから、私たちはその通りにつくらないとね。ただ愛情は込めてつくるのよ。そうすると少しはおいしくなるからね。さあ、あなたも早く仕事を覚えてね」

「は、はい、でも私、事務所に行かないと」

「えっ、事務所……？　あなたひょっとして……」

みあは自分の正体がばれたのかと思い、一瞬、ひやりとした。

「ひょっとして、事務所のアルバイトなの？　ごめんなさい。てっきりうちのアルバイトかと……」

「いえいえ、こちらこそ。勉強になりました」

そう言ってみあは、白衣からスーツに着替え、本社に入った。


本社は工場の２階部分だ。本来大勢の社員がいるのだろうが、今日は日曜日なのでオフィスにも数名の社員しか残っていない。

そのうちの１人の社員に声を掛け、社長室に入る。

重厚な扉を開けると、豪華なカーテンとカーペットだけではなく、壁はキラキラとしたガラスが釣り下がるクリスタルのシャンデリアの光を映し出す。

その奥にあるＬ字型のデスクが社長の机らしい。

椅子は本革で、みあが丸まれば寝られるほどのどっしり感がある。

みあはそこにポンと腰掛け、くるっと１周回ってみて、クスっと笑った。

事前に聞いていたメールアドレスとパスワードをパソコンに打ち込み、社長宛てに届いているメールを開けた。

「あと1時間か。急がなきゃ」

あなたが置かれている環境を、もう一度確認します。

- 現在の日時は２０ＸＸ年11月15日（日）12時です。
- あなたはこの部屋を13時には出なければなりません。つまり、60分の間に案件を処理しなければなりません。
- また、以前から決まっていた、アムステルダムで実施される女性リーダー研修に参加するために、11月16日（月）から11月20日（金）まで会社に出勤することはできません。
- 研修期間中は、外部との連絡を一切とることができません。

これらの環境と自分が置かれている状況を把握したうえで、「主人公・青山みあ」として、以降の案件処理にあたってください。

まず56～85ページの20案件に目を通し、時間を計って、60分ですべての案件をどう処理するかを考えながら読み進めてください。選択肢をメモしていただいたうえで、そして209ページのチェックリストをつけると、あなたの経営パターンがわかります。

それではいよいよ、案件処理に進んでください。

社長テスト
に挑戦

※この問題はインバスケット研究所が独自に開発した問題です。
※当問題を複写、複製、転載することは著作権上禁じられています。
※問題や選択肢、分析の根拠についてはお答えできません。
※インバスケットは株式会社インバスケット研究所の登録商標です。
※この問題およびストーリーはフィクションです。

資料１

株式会社CTF　会社概要

本社所在地	千葉県浦安市渚634番地3
会社設立	1964年（昭和39年）11月
事業内容	洋菓子製造　洋菓子のOEM製造　洋菓子の販売
資本金	３億4520万円（2017年8月31日現在）
代表者	代表取締役社長　酒井田　菊蔵
社員数	142名（2017年8月期）
工場	浦安工場　名古屋工場　京都工場
主要取引先	株式会社ケーキのたま　京葉ホテル　大塩観光公社
主要取引銀行	かえで銀行
株主	ケーキのたま（35.5%）かえで銀行（10.2%）日本シティ信託銀行（8.3%）三峯ファンド（6.3%）他

沿革

1964年	11月	創業者である西本 勲が「西本製菓所」を設立
1965年	1月	西本製菓株式会社に組織変更
1982年	9月	株式会社ケーキのたま資本参加　子会社となる 新社長青山信二就任
1984年	10月	浦安新工場稼働
1986年	2月	本社新社屋完成
1989年	6月	全国洋菓子展覧会で「大臣賞」受賞
1992年	11月	油菓子、スナック菓子を洋菓子ラインに入れ替え
1994年	10月	工場直売店「MYU」を開店
1995年	1月	全国菓子博覧会で「名誉総裁賞」受賞
2003年	9月	インターネットショッピングサイト「MYUs.com」開設
2006年	3月	代表取締役　西本祐樹就任
2010年	2月	名古屋工場稼働
	3月	京都工場稼働
2014年	9月	代表取締役　酒井田菊蔵就任
2016年	9月	アンテナショップ「MYU東京八重洲店オープン」

※OEM：製造を委託され、製品は発注先のブランドとして販売される手法

資料２

経営理念
手間を掛けるほど菓子は甘くなる
本当の甘い時間をお客様に

株式会社 CTF
組織図

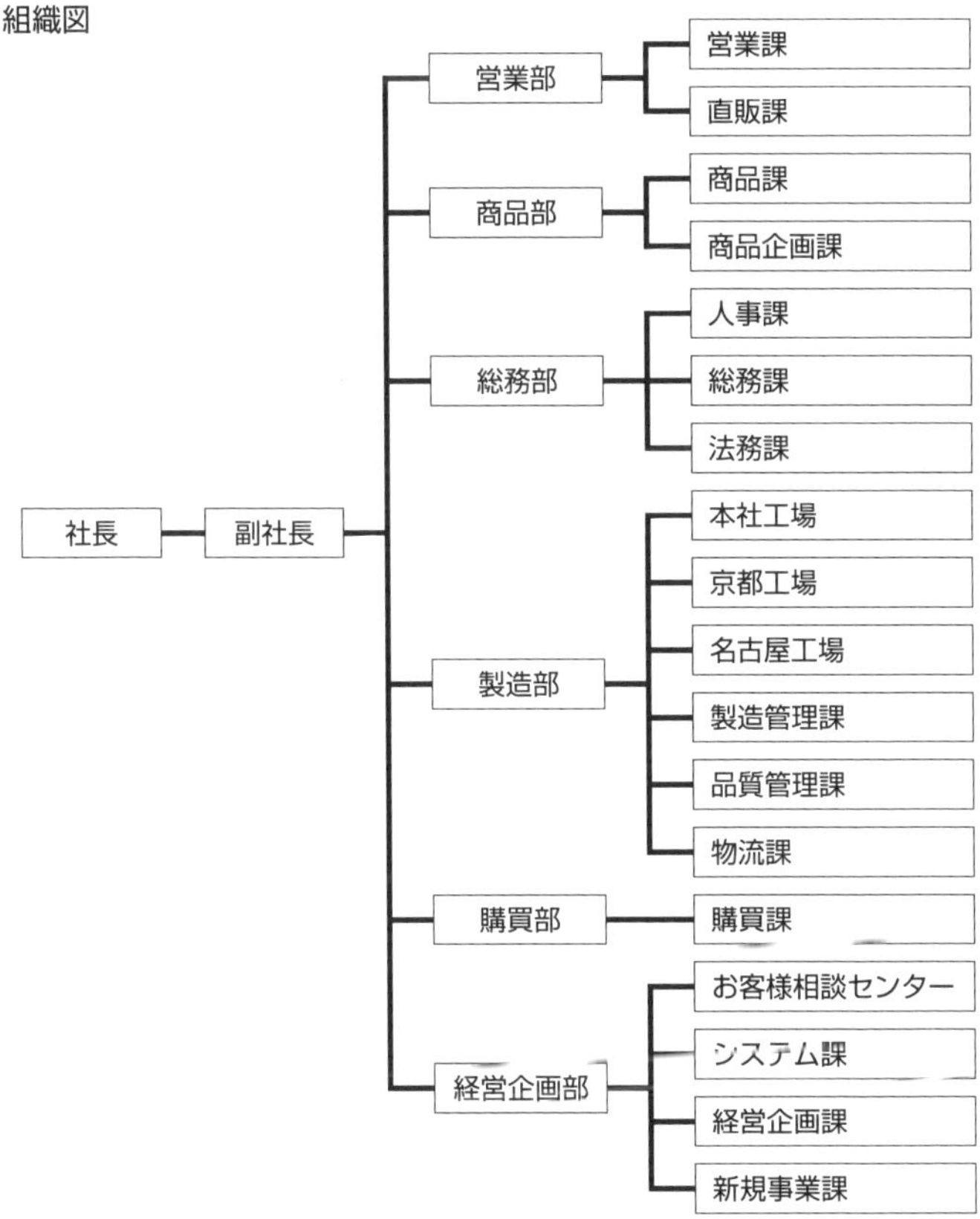

資料 3-1

貸借対照表

単位：百万円

	金　額				金　額		
科　目	3年前	2年前	1年前	科　目	3年前	2年前	1年前
（資産の部）				（負債の部）			
流動資産	**4,212**	**4,116**	**7,678**	**流動負債**	**2,633**	**3,101**	**4,405**
現金及び預金	1,826	1,311	1,185	支払手形及び買掛金	1,114	1,209	1,495
受取手形及び売掛金	1,057	1,285	2,497	短期借入金	752	1,076	1,989
製品	559	481	513	その他流動負債	767	816	921
原材料	298	401	2,785				
その他流動資産	541	710	776	**固定負債**	**2,503**	**2,101**	**3,669**
貸倒引当金	△ 69	△ 72	△ 78	社債	783	691	594
				長期借入金	712	707	1,586
固定資産	**3,501**	**3,794**	**3,992**	その他固定負債	1,008	703	1,489
有形固定資産計	2,548	2,576	2,577				
建物	1,185	1,195	1,187	**負債合計**	**5,136**	**5,202**	**8,074**
機械装置及び運搬費	842	869	867				
その他	521	512	523	（資本の部）			
				株主資本	**2,577**	**2,708**	**3,596**
無形固定資産計	**106**	**114**	**114**	資本金	345	345	345
ソフトウェア	106	114	114	資本剰余金	0	0	0
				利益剰余金	2,232	2,363	3,251
投資その他資産計	847	1,104	1,301				
敷金	417	565	572				
長期前払費用	348	438	441				
その他	82	101	288	**資産合計**	**2,577**	**2,708**	**3,596**
資産合計	**7,713**	**7,910**	**11,670**	**負債・株主資本合計**	**7,713**	**7,910**	**11,670**

資料3-2

損益計算書

単位：百万円

	3年前1月期			2年前1月期			1年前1月期		
科目	金額		構成比	金額		構成比	金額		構成比
売上高		9,012	100.0%		10,015	100.0%		13,989	100.0%
売上総利益		2,617	29.0%		2,918	29.1%		4,913	35.1%
販売費および一般管理費		2,376	26.4%		2,690	26.9%		3,411	24.4%
役員報酬・人件費等	1,525			1,711			2,093		
運送費および保管料	316			346			614		
減価償却費	207			225			226		
研究開発費	133			122			189		
その他	195			286			289		
営業利益		241	2.7%		228	2.3%		1,502	10.7%
営業外収益		21			21			27	
受取利息	2			1			2		
受取配当金	8			7			12		
その他	11			13			13		
営業外費用		22			29			49	
支払利息	21			27			48		
その他	1			2			1		
経常利益		240	2.7%		220	2.2%		1,480	10.6%
特別利益		2			0			0	
投資有価証券売却益	2			0			0		
その他	0			0			0		
特別損失		2			1			0	
固定資産除去損	0			0			0		
その他	2			1			0		
税引前当期純利益		240	2.7%		219	2.2%		1,480	10.6%
法人税等		96			88			592	
当期純利益		144	1.6%		131	1.3%		888	6.3%

資料4

CTF　営業概況

単位：百万円

	第一四半期	第二四半期	第三四半期	第四四半期	累　計
売上高	3,455	3,374	3,871	5,100	15,800
昨年対比	115%	109%	115%	113%	113%
達成率	97.7%	96.2%	99.4%		98.3%
営業利益高	128	135	147	400	800
昨年対比	52.7%	53.2%	54.9%	115.0%	53.6%

※第四四半期と累計は予測数値

CTF　部門別売上高

単位：百万円

		本年売上高	昨年対比	計画比	営業利益高	計画比
洋菓子（既存事業）	委託製造	7,013	115.3%	100.4%	563	110.5%
	製造小売	2,298	97.4%	100.3%	165	122.4%
	直販・通販	1,364	95.4%	89.4%	82	90.4%
VISION7（新規事業）	チョコレートPJ	5	-	10.2%	-12	-45%
	海外事業	3	-	3.1%	-13	-34%
	ふるさと納税PJ	10	-	89.3%	1	68.4%
	アクセサリー事業	2	-	2.4%	-12	-45%
	手作りパン事業	0	-	0%	-30	-200%
	アイスクリーム事業	1	-	10.4%	-32	-51%
	和菓子事業	4	-	5.0%	-45	-304%

※ VISION7については今期よりスタート

工場別損益表（昨年度）

	本社工場	名古屋工場	京都工場
出荷金額（百万円）	3,411	1,698	1,905
ライン数（台）	12	5	4
従業員数（人）	135	201	119
経費（百万円）	2,498	1,511	1,297

※従業員数はパート、期間工含む

資料５

業界分析図

シマウマ菓子	・シマウマ製パン子会社 ・コンビニスーパーなどのケーキ類主力
フロート	・独立系 ・生ケーキに強み、直営店も多数
バーニッシュケーキ	・製造直売 ・クッキーや洋菓子が主力
岩塚洋菓子店	・洋菓子製造の老舗 ・百貨店やエキナカなどでの定番ブランド
スイートプラン	・アメリカから進出の洋菓子ブランド ・冷凍ケーキを得意とし、通信販売がメイン
山田製菓	・ホテルや飲食店のケーキの委託製造大手、OEMがほとんど ・帝土ホテルやニュー杉山ホテルなど一流ホテルのチョコなどを製造
シューパーク	・シュークリーム製造販売 ・直営店とスーパーなどへの卸し

資料6

取引先別売上高ランキング表（昨年1年）

（単位：百万円）

取引先名	年間売上高	昨年対比	構成比
ケーキのたま	462	84%	33%
ホテルローヤル東京	130	95%	9%
六甲館ホテルグループ	65	92%	5%
大坪国際ホテル	58	97%	4%
大西百貨店	28	101%	2%
東日本デパート	28	105%	2%
京都物産展株式会社	28	102%	2%
長崎観光商工会	25	101%	2%
高知観光商工会	24	104%	2%
富山観光商工会	15	105%	1%
株式会社夢屋	14	103%	1%
鶴丸喫茶株式会社	14	101%	1%

主力商品出荷ランキング

（単位：個）

商品名	3年前	2年前	1年前	本年予測	備考
スフレチーズケーキ	25,000	25,400	28,000	29,500	オリジナル製品
熟成ショコラケーキ	21,000	19,000	20,000	22,000	オリジナル製品
スペシャルビッグモンブラン	15,800	18,000	17,000	15,000	ケーキのたま OEM
蜜ツボプリン	17,700	17,800	16,000	19,000	オリジナル製品
たまショコラケーキ	12,900	16,000	14,000	12,000	ケーキのたま OEM
大坪ロールケーキ	12,000	15,800	14,000	10,000	大坪国際ホテル OEM
ローヤルチーズケーキ	16,500	15,000	16,000	16,800	ローヤルホテル OEM
ローヤルロールケーキ	11,000	14,000	13,000	8,000	ローヤルホテル OEM
サンカクチーズケーキ	12,000	13,000	13,000	12,000	六甲館 OEM

資料７

市場規模推移（対前年比）

流通経路別

（単位：%）

	５年前	４年前	３年前	２年前	昨年
チェーン洋菓子店	98	97	96	97	94
スーパー百貨店	95	92	94	97	95
個人洋菓子店	101	102	96	93	95
コンビニエンスストア	97	101	105	100	104

お菓子の種類別

（単位：%）

	５年前	４年前	３年前	２年前	昨年
飴	100	101	105	104	106
チョコレート	100	102	101	101	101
チューインガム	95	96	95	97	95
せんべい	102	103	101	104	102
ビスケット	102	100	98	95	97
和生菓子	100	101	103	102	105
洋生菓子	103	98	98	96	97
スナック菓子	101	99	99	98	98

お菓子市場構成比率

（単位：%）

	構成比
飴	7.5
チョコレート	17.5
チューインガム	4.3
せんべい	8.2
ビスケット	11.9
和生菓子	16.8
洋生菓子	14.6
スナック菓子	13.5
その他	5.7

第 1 案 件

Eメール

差出人	株式会社 CTF 副社長
題名	ご就任おめでとうございます
宛先	株式会社 CTF 代表取締役社長
CC	株式会社 CTF 全部長
送信日時	20XX 年 11 月 14 日　17:12

青山社長殿
この度は代表取締役社長ご就任、心よりお祝い申し上げます。
青山社長の和菓子事業プロジェクト成功などの経営手腕と的確な判断力は、私含めて全従業員敬服しておりました。

現在わが社は新戦略「VISION7」を進め、株式上場を計画しております。
この計画は幹部の大半が賛成のうえ、策定し、現在順調に進めております。
小生も役職定年まであと半年、この計画遂行に全力を注いでいきたいと考えておりますので、今後ともご指導ご鞭撻お願い申し上げます。

着任日は 16 日とケーキのたま人事部から伺っております。
よろしければ全部長や取締役の懇親を深める宴席をご用意させていただければと考えておりますが、いかがでしょうか？

明日、当社にお越しになると伺っておりますが、ちょっとしたトラブルで現在京都工場出張中でして、お会いすることが叶いません。
とりわけ、経営は順調ですのでご心配頂く内容はないと存じますが、もし、何かお入り用なものやご指示がありましたら私におおせください。

第 2 案件

Eメール

差出人	株式会社夢屋　時兼代表取締役
題名	ご相談事項
宛先	株式会社 CTF 代表取締役社長
CC	
送信日時	20XX 年 11 月 15 日　22:03

先日はお時間ありがとうございます。

次回はマグロがうまい店を知っていますので是非そちらに。


さて、私の知人が経営コンサルをしており、彼からの話です。

千葉に和菓子製造の杉本製菓という会社があります。

規模は年商 30 億、従業員は 100 名ほどの 50 年企業です。

実はこの会社廃業するそうです。社長が高齢で後継者がおらず今年いっぱいと決断されたようです。

ご興味ないですか？


もちろん御社は洋菓子製造がメインのうえでのご紹介です。

杉本製菓側は御社の親会社が和菓子事業をされているということで乗り気です。


もしよろしければおつなぎしますよ。

そうそう、当杜のオリジナルパンケーキの原価ももう少し下がれば (笑)

Eメール

差出人	株式会社 CTF 経営企画部　雑賀部長
題名	経営会議　20XX 年 11 月 8 日 議事録
宛先	株式会社 CTF 全幹部
CC	株式会社 CTF 全部長　総務部全メンバー
送信日時	20XX 年 11 月 12 日　10:08

各位
議事録をご確認ください。

会議名：定例経営会議
開催日時：20XX 年 11 月 8 日（日）　11 時から
場所：会議室 A
参加者：副社長　取締役　部長全員　総務部メンバー　25 名

議題 1　VISION7 計画の進捗確認（新規事業課より）

10 月時点の計画進捗報告
7 新規事業のうち、4 事業については計画見直しの必要性あり。
副社長よりの指摘事項
1. 直販・通販事業はもっと売り込みを工夫し売り上げ目標を必達すること
2. ふるさと納税プロジェクトは市のキーパーソンに至る人脈を探すこと
3. チョコレート事業は洋菓子開発部からの人員移動を実施し、今期中の発売を目指すよう
4. 海外事業はアジア諸国をターゲットとすること

議題 2　京都工場洋菓子ライン入れ替えの件（製造部より）

メーカーよりの見積もりは 5 億円、当初より 1.8 億円コスト増
理由：生地成型装置のみの取り換えはシステム上難しく、バラエティ成型テー

ブルごとの入れ替えが必要。スライサーも規格が合わないため。

メーカーより提案として、洋菓子製造ラインをすべて取り換えたほうが長期的にはコスト減になる。（参考：ライン入れ替え９億）

議題３　名古屋工場の用地買収について（製造部より）

11月１日（日）オーナー側より、現名古屋工場用地をマンション用地として売却したいとの理由で物件の明け渡しを通告された。

契約を確認すると、第15条において契約満了日の２月26日（金）に引き渡さないとならない契約となっていた。

オーナーと交渉しているが、オーナーはマンション建設業者より高い値段をつければ土地を譲るとのこと、用地買収の方向性についていかがなものか？

副社長より指摘事項
1. なぜそのような契約になっていたのか？　誰が契約を実施したのかを報告すること
2. オーナー側との交渉を粘り強く実施継続すること

E メール

差出人	株式会社 CTF 総務部　今井孝
題名	【親展】労働管理局の立ち入りの件
宛先	株式会社 CTF 代表取締役社長
CC	
送信日時	20XX 年 11 月 10 日　17:41

社長恐れ入りますがご報告でございます。

結論から申し上げると「黒」のようでございます。
顧問社労士にも相談しましたが、製造管理課の山本課長以下 4 名ほどが結託して労働管理局に垂れ込んだことは裏が取れています。
副社長の暴言の録音も社内掲示板に上がっており確認いたしました。
具体的には「お前いらない」「使えないやつはいらない」「お前価値がない」という部分がパワハラと捉えられてしまうそうでございます。

副社長に山本課長たちに謝罪をしてはと具申しましたが、聞き入れて頂けません。大変申し上げにくいですが社長から説得いただくわけにはいきませんでしょうか？

力不足で申し訳ありません。情けないです。

第 5 案件

Eメール

差出人	株式会社 CTF 京都工場　笹沼工場長
題名	RE: 生産性目標未達の件
宛先	株式会社 CTF 副社長
CC	株式会社 CTF 代表取締役社長；生産本部長
送信日時	20XX 年 11 月 12 日　12:36

ご指摘の通りお恥ずかしい限りです。
ご指示の通り、生産性の本を買い初心に戻り生産性向上に邁進してまいります。

他工場長にもご指導を仰ぎますが、当工場はほかの工場と異なり、特殊商品の比率が 7 割を超えておりますので京都工場独自の生産性向上案を直接ご相談させていただきたく、不躾ですがお時間を頂けないでしょうか？

また来月導入が決定している大藤屋百貨店向けの飴細工ケーキについても、ご相談させていただければ幸いです。
この度はご迷惑をおかけしたことをお詫び申し上げます。

-- 返信元 --

差出人　株式会社 CTF 副社長
題名　生産性目標未達の件
宛先　株式会社 CTF 京都工場　笹沼工場長
CC　株式会社 CTF 代表取締役社長；生産本部長
送信日時　20XX 年 11 月 11 日　10:30

まったく話にならない結果です。
他工場長から学べ。
全社を挙げて生産性向上に注力しているのは、あなたでも理解しているはず。
銀行からも指摘を受けています。
生産性について基礎から学んだほうがよろしいかと。
いくつか本を読みなさい。

E メール

差出人	株式会社 CTF 製造部　豊島部長
題名	マキシムからの申し出の件
宛先	株式会社 CTF 副社長
CC	株式会社 CTF 代表取締役社長
送信日時	20XX 年 11 月 12 日　15:27

マキシムチョコの社長から文書にて申し出がありました。
当社が進めているチョコレートプロジェクトについての見解を求められており対応に苦慮しております。
(一年前にチョコ事業を始める際にこうなることを予測し進言申し上げていました)

ケーキのたま商材にはマキシム製チョコレートを使用しているばかりか、ホテルローヤルの洋菓子やケーキにも原料として使用しております。
もし申し出のようにマキシムからの原料調達が出来なくなると、場合によっては製品が出荷できない状況に陥ります。

経営企画部および商品部で責任を持って対応を願いたい。

マキシム側には 11 月 25 日（水）までに見解を求められております。

第 7 案件

E メール

差出人	株式会社 CTF 商品部　金子部長
題名	ご報告
宛先	株式会社 CTF 代表取締役社長
CC	副社長
送信日時	20XX 年 11 月 8 日　11:15

ご報告事項

1. ジェコンドの素材の件でご指摘通りデコレーションケーキにムースを採用することにしました。
2. 作業室に入る前のうがい薬噴射機ですが、強さを4．4から5．2にご指摘通り変更しました。
3. 長崎商工様向けのエアクッキーのパッケージはご指摘の通りにサック箱を採用し、あけやすくなるようにスリットを入れリバース方式を取り入れました。

ご相談

1. 長崎商工会様向けのカボチャクッキーの包装紙は緑色で良かったですか？
2. ご指示のノンシュガー製品のアスパルテームは私もすでに検討しておりましたが、製造部から原料高騰で難色を示されております。原価無視でやりますか？

金子

E メール

差出人	美沢町町長
題名	美沢民俗博物館創立のお願い
宛先	株式会社 CTF 代表取締役社長
CC	
送信日時	20XX 年 11 月 8 日 15:09

株式会社 CTF
酒井田社長殿

拝啓 秋涼の候、貴社には益々ご清祥のこととお慶び申し上げます。

美沢町町長の大河原でございます。

実は議員の猿渡様よりご紹介いただきご連絡させていただいております。


ご依頼内容は美沢町の町おこしを目的として、町立民俗博物館を建築することになりました。

ご存知の通り、美沢町は民俗文化財を集落保存し、散逸崩壊を防止するとともに、その文化価値を高めて参りました。

その価値を観光の起爆剤として博物館として開館することで町おこしを図る所存です。

先日お送りしました企画書をご覧頂いただけでは、充分なご理解は頂けないことと、多くの疑問点やご不安も生じると存じますので、まずは取り急ぎ、お手元に企画書をお届けし、11 月 19 日（木）に直接伺いお願いをさせて頂きたく、ご確認の程よろしくお願い申し上げます。

敬具

第 9 案件

E メール

差出人	株式会社 CTF 副社長
題名	【至急】京都工場操業停止命令について
宛先	株式会社 CTF 代表取締役社長
CC	株式会社 CTF 全部長
送信日時	20XX 年 11 月 8 日　9:14

酒井田社長殿

結論から申し上げると、12 月 5 日から 12 月 25 日まで京都工場の 3 ラインが操業できない深刻な事態になりました。

原因は、京都市条例で定められている公害防止管理者が先月退職し、不在であることが表面化したことです。

人事部に確認すると、そのことについて製造部は確認し承諾したとのことでしたが、製造部は人事部に後任を依頼しその間、京都市に折衝したと聞いていたと話しております。

今回半年という短い期間に関わらず 3 度行政処分を受けたこと重く受け止めております。

Eメール

差出人	株式会社 CTF 総務部　今井部長
題名	【重要】内定者懇親会の社長出席について
宛先	株式会社 CTF 代表取締役社長
CC	株式会社 CTF 社長秘書
送信日時	20XX 年 11 月 9 日　14:49

社長、お忙しい中恐縮ですがご報告です。
お待たせいたしましたが、来年度入社予定者の内定者懇親会の日程が決定いたしました。

12 月 5 日 13 時～で、場所は当社会議室 D で予定しております。
出席者は 3 名でございます。

私の力不足と超売り手市場の中、15 名の確保枠の中、3 名ではわざわざ社長にご出席いただくまでもなく、不肖今井が社長代理として対応させていただきたく存じます。

来年はこのようなことにならないように、人事部一同、気合と根性で学生確保に努めたいと考えております。

第 11 案件

E メール

差出人	株式会社 CTF 営業部　大平部長
題名	親展：商品部長の件
宛先	株式会社 CTF 代表取締役社長
CC	
送信日時	20XX 年 11 月 7 日　16:35

大平です。

お出かけの直前のお声がけ失礼しました。

今日、お耳に入れたかったのは商品部の金子部長の件です。

彼は確かに優秀で、多くのヒット商品を出したのは事実です。

ただ、その多くは部下が開発したものであり、彼自身の能力ではないと社内でうわさされております。

そのような中、彼が次期副社長候補と考えていると社長がおっしゃったとのうわさが社内に流れております。
現在我が CTF は親会社のケーキのたまから見放され、窮地に立っておりますが社員が一丸となってやっておれるのは、酒井田社長の求心力があったからです。彼には無理です。

したがって私たちは強く酒井田社長の下で働くことを希望しております。

もちろん後継者も考えなくてはなりません。多くの社員は製造部の豊島さんが適任と考えております。

豊島さんは CTF のプロパーですし、かえで銀行の頭取からも評価をされております。
是非お含み置きいただければ幸いです。

大平

Eメール

差出人	株式会社 CTF 製造部　豊島部長
題名	FW: ご提案
宛先	株式会社 CTF 副社長
CC	株式会社 CTF 代表取締役社長
送信日時	20XX 年 11 月 10 日　14:17

当社は創業から各工場単位で完結しているのが、良き伝統です。
彼らの要求を受け入れると、その独立採算性が失われるリスクが心配です。

---------------------------------- 転送メール ----------------------------------

差出人　工場再生プロジェクト
題名　ご提案
宛先　製造部　豊島部長
CC　副社長
送信日時　20XX 年 9 月 15 日　10:43

京都工場　第 4 製造課　品質管理　大久保です。
私たちプロジェクト全員の総意として
「3 工場横断改善チーム」の開設を提案します。

理由は、各工場で品質管理や原料管理などやり方がバラバラで、転勤になったときにまったく違った会社のようだったからです。

品質管理と原料管理、出荷管理のまず 3 チームを作り来月から活動したいと思います。
対象は私たちのように入社 5 年未満の若手で頑張りたいです。
いいですか？

第 13 案件

Eメール

差出人	労働組合　椎名委員長
題名	職場改善要望の件
宛先	株式会社 CTF 副社長
CC	株式会社 CTF 代表取締役社長　幹部
送信日時	20XX 年 11 月 9 日　13:58

以下要求書を添付にてお送りします。

ご確認のほどよろしくお願いします。

以上

※「要求書」は次ページ資料 8。

資料８

要求書

20XX 年 11 月 9 日

株式会社 CTF
代表取締役　酒井田　菊蔵　　殿

労働組合
執行委員長　椎名　大輝

当組合は、組合員の総意により下記の要求を決定しましたので、要求書を提出いたします。

つきましては、20XX 年 11 月 25 日までに文書をもって誠意ある回答を示されるよう、申し入れます。

記

1. 京都工場での工場長指示内容について

(1) 経費 2 割削減指示と生産量 1 割向上の目標設定について
経費を削減し目標を上げるのは事実上無理な指示であり、それをノルマと課す指示の撤回

(2) クリスマスケーキの自社従業員への予約強要
クリスマスケーキキャンペーンの拡販は労使で確認済みであるが、一部従業員へ目標達成できない差額の予約を強要した事案に対しての見解

以上

第 14 案件

E メール

差出人	全日本経営者協会
題名	第 45 回　経営者育成セミナー募集の件
宛先	株式会社 CTF 代表取締役社長
CC	
送信日時	20XX 年 11 月 14 日　11:30

いつもお世話になっております。全日本経営者協会セミナー教育担当の黒岩と申します。
今回は第 45 回になりました経営者育成セミナーのご案内です。

◆毎回満席で好評のセミナーです。◆

中小企業向け経営幹部者 10 日間セミナー

経営後継者にしたい人材には受けていただきたい研修プログラムです。経営者として経営の原理・原則を体得し、経営幹部から経営者への最初の一歩を踏み出すプログラムです。

内容：1 日目　経営者としての意識改革
　　　2 日目　ビジネスモデルの構築
　　　3 日目　財務力を身につける
　　　4 日目　人脈構築方法
　　　5 日目　戦略思考
　　　6 日目　ビジョン構築
　　　7 日目　組織構築
　　　8 日目　経営者としての法律知識
　　　9 日目　経営ロールプレイング
　　　10 日目　成果発表

会場　箱根当社セミナー会場
日程　1 月 10 日から 1 月 19 日まで（9 泊 10 日）
費用　250 万円（研修期間中の宿泊費は含みません）
＊詳細の資料請求及びお申し込みは当社までお知らせください。

Eメール

差出人	株式会社 CTF 副社長
題名	RE: 協賛金について
宛先	株式会社 CTF 経営企画部長
CC	株式会社 CTF 代表取締役社長
送信日時	20XX 年 11 月 15 日　10:39

結論から言うと今年は支援できないと伝えるべきでしょう。

このように資金を垂れ流すのではなく、VISION7 計画に投入し計画を達成させることを優先させるべきでしょう。

また経営資金に剰余が発生した時は支援をする用意があると伝えたまえ。


----------------------------------- 元メール -----------------------------------

差出人　株式会社 CTF 経営企画部　雑賀部長
題名　協賛金について
宛先　株式会社 CTF 副社長
CC
送信日時　20XX 年 11 月 1 日　16:01

以下の内容を、ご確認ください。
○福沢市少年フットサル大会協賛の件
今期見送りということでよろしいでしょうか？

風評被害を避けるためにも減額してでも支援はするべきかと。

当社の協賛がないと会場が借りることができないと困窮されておりました。

昨年の協賛金 130 万円です。
副社長の仰せの通り、福沢市は以前工場があった場所で、現在は移転しておりリターンは見込めません。

第 16 案件

Eメール

差出人	株式会社 CTF 製造部　豊島部長
題名	【お詫び】迷惑メールについて
宛先	株式会社 CTF 副社長
CC	株式会社 CTF 代表取締役社長
送信日時	20XX 年 11 月 13 日　10:41

今回ウイルスから漏れたデータは大坪国際ホテルの菓子仕様書と工程説明書、原価一覧表や工程表が確認されています。

昨日、外部から指摘されたロールケーキに使用しているホイップですが、生クリームが昨年来高騰しており、その代替として現場の判断で使用していたようです。

現状、商品を供給している取引先からも特に申し出もなく、原料費が下がるならそれでよいとご担当者からも承諾を得たうえで、表示はそのまま生クリームという表記を使っておるとのこと。


念のため、11 月 13 日からは生クリームを使用し出荷しております。

今回の外部からの指摘については製造部で対応し、処理いたします。


製造部としてもメール管理に善処いたしますが、以前から申し上げている通り、情報管理システムの強化と、製造原価の引き上げを経営企画部と商品部に強く要望します。

Eメール

差出人	株式会社 CTF 総務部 今井部長
題名	かえで銀行からの問い合わせについて
宛先	株式会社 CTF 副社長
CC	株式会社 CTF 代表取締役社長
送信日時	20XX 年 11 月 14 日　15:10

副社長、お忙しい中恐縮ですがご報告です。

かえで銀行の担当者、横山さんから 社長に確認してほしいと言付かったことです。

1. 7 月に頂いた経営数値の売上と利益の計画が実績と大幅に異なっているがどういうことか？
2. 9 月にご依頼した売掛金回収計画について期日が過ぎているがいつ提出していただけるのか？
3. 前回リスケされた支店長との面談日の件はどうなっているのか？
4. 御社の取り扱い商品のほとんどが洋菓子なのに、在庫高が膨らんでいるのはおかしいのではないか。

横山さんにしては珍しく語気が荒かったので早めの回答をしたいのですが、まずは来週一杯には回答するとお答え申し上げましょうか。

また、社長交代の件はいつのタイミングでお伝えするべきかもご教示ください。

力不足のため、副社長にご心労とお時間を頂き申し訳ありません。

第 18 案件

Eメール

差出人	株式会社 CTF 商品部 金子部長
題名	私事ですが
宛先	株式会社 CTF 副社長
CC	株式会社 CTF 代表取締役社長
送信日時	20XX 年 11 月 12 日　16:02

パフェシューの仕様書をケーキのたまに渡すことは
絶対納得いきません。
ケーキのたまからの圧力は理解できますが、
この商品は当社の生き残りをかけたものです。
CTF のオリジナルとして出すべきものです。

前回のたまショコラケーキも商品部のメンバーが血のにじむ思いで開発した商品です。それをケーキのたまが、鳶が油揚げをさらうかのように持って行った事実を覚えているでしょう。しかも、「完全自社開発」としてたまはマスコミに発表したのです。

開発メンバーも VISION7 とかで半数に減らされている中、みんな頑張ってくれています。

こう書いているうちに、はらわたが煮えくり返ってきました。
もしこの仕様書を渡すのであれば、私たち商品部メンバー全員一斉退職も辞さない覚悟です。

当社は何を目指しているのでしょうか？

Eメール

差出人	株式会社 CTF 副社長
題名	【極秘】ケーキのたまからの要求
宛先	株式会社 CTF 代表取締役社長
CC	
送信日時	20XX 年 11 月 14 日　16:17

社長殿

着任前に申し訳ありません。
ケーキのたまの山代専務から、来月の資金繰りのために 2 億円の資金調達と、今まで現金決済だったのを来月から約束手形での決済にしてほしいと指示を受けました。

わたしとしては 2 億円の貸付金で折衝をすすめたいとおもいます。
方向性のご確認お願いします。

ほかの納品御者にも同様の依頼をしているようで、どうも洋菓子部門の不調と出店や改装の経費で資金繰りが苦しいようです。

第20案件

Eメール

差出人	株式会社CTF 製造部 豊島部長
題名	【抗議】ゴールド印生クリームチョコの件
宛先	株式会社CTF 副社長
CC	株式会社CTF 代表取締役社長
送信日時	20XX年11月10日　13:37

表題の件ですが、7,000万円分の在庫がのこっております。

冷蔵倉庫での管理は月々経費がかさんでおり、このままでは本業の洋菓子のラインにも影響が出ます。

この商品は主力取引先の大坪国際ホテルでの販売も先月で打ち切られて、商品部と営業部が対策を検討するも一向に在庫の処分方法が見つかりません。

だから、申し上げたように、試験販売をするべきだったのです。


高級チョコというコンセプトですので安売りもできません。

処分するにも、今期の利益が不足している状況ですので、来期に持ち越すように経理と調整しております。

これより先は主人公である青山みあが、60分という限られた時間の中で、1～20の案件と対峙したときに、どのように感じてどのように判断・行動したのかを実況中継していきます。

「みあの考え」はすべて正しい行動ではなく、ときには誤った判断や葛藤があります。それらを客観的に観察して、あなたはどのように感じ、判断・行動したかを振り返ってください。

「甲斐のアドバイス」は、みあが信頼を置く経営企画室長・甲斐による案件の解説です。みあが実際にどのように判断・行動するべきだったのかを指導していきます。

甲斐のアドバイスも絶対的な正解ではありませんが、みあとは異なった視点で問題解決を行う様子をご覧いただくことで、あなたにとっての気づきともなり、今後の判断や行動の選択肢として広がるでしょう。

何度も申し上げますが、本来のインバスケットには選択肢がありません。

まず自分で考え、そのうえで選択肢に目を通して自分の考えにいちばん近い選択肢を選びましょう。

第 1 案件

「みんなで決めた戦略です」

Eメール

差出人	株式会社 CTF 副社長
題名	ご就任おめでとうございます
宛先	株式会社 CTF 代表取締役社長
CC	株式会社 CTF 全部長
送信日時	20XX 年 11 月 14 日　17:12

青山社長殿
この度は代表取締役社長ご就任、心よりお祝い申し上げます。
青山社長の和菓子事業プロジェクト成功などの経営手腕と的確な判断力は、私含めて全従業員敬服しておりました。

現在わが社は新戦略「VISION7」を進め、株式上場を計画しております。
この計画は幹部の大半が賛成のうえ、策定し、現在順調に進めております。
小生も役職定年まであと半年、この計画遂行に全力を注いでいきたいと考えておりますので、今後ともご指導ご鞭撻お願い申し上げます。

着任日は 16 日とケーキのたま人事部から伺っております。
よろしければ全部長や取締役の懇親を深める宴席をご用意させていただければと考えておりますが、いかがでしょうか？

明日、当社にお越しになると伺っておりますが、ちょっとしたトラブルで現在京都工場出張中でして、お会いすることが叶いません。
とりわけ、経営は順調ですのでご心配頂く内容はないと存じますが、もし、何かお入り用なものやご指示がありましたら私におおせください。

あなたならどのような判断・行動をとりますか?

1	方向性を承認する。この戦略の詳細を確認し、社長として支援するべきことがないかを尋ねる。
2	方向性を自らが再度検討する旨を告げ、方針策定に必要な資料の収集を指示。着任日に幹部とミーティングを行うことを連絡する。
3	現状の戦略はすでに走り出しているのでそのまま継続したうえで、新しい対策を考えて打ち出す。

あなたが選んだ選択肢は

みあの考え 1

よかった、経営は安定しているようね。新しい計画も順調だって。みんなで決めたことだから、私は裏方でみんなをサポートしなきゃ。

甲斐のアドバイス

おいおい、青山さんは社長だから、まずは新社長として、会社が進む方向を新しく考えなきゃ。会社の方針はみんなで決めるものじゃないよ。白紙ベースで戦略を考えてみたらどうかな。

【方針立案力】会社の舵の取り方

社長は会社の方向を決めることが求められます。社長がするべきは「全社の戦略や目標を決めること」なのです。

あなたにも経験があるでしょう。会社のトップが変わると、今まで進めてきた計画などがいったんストップし、逆の方向へと動き出すことがあります。

私自身、前職のダイエーでは、創業者から別の経営者に代わった途端、方向性が180度変わったことに戸惑いました。

安売り路線から高価格路線へ舵を切ったかと思えば、セルフサービスから接客重視になったこともありました。

現場の私は正直、「コロコロ変えられては困る」と愚痴を言っていたのですが、社長の立場からすれば「コロコロ変えなくては困る」のです。

なぜなら社長は、会社を生き残らせるのが最大のミッションだからです。


今まで通りのやり方を貫くのは、芯が通っているように見えますが、逆に言えば、方針立案力がないことの証でもあります。


これは社長だけではなく、部署を預かるリーダーも同じです。

前任のやり方を踏襲するリーダーは不要です。いい部分はもちろん、残してもいいのですが、目標とストーリーは自らがつくりあげるべきです。

とくに社長は、熾烈な競争と激しく変わる環境の中で、会社が生き残る道を命がけで探さなくてはなりません。

今回の案件でも、前任の社長のやり方や幹部の考え方と相反したとしても、自らの方向性を確実に打ち出さなければならないのです。さもなくば、一時的には経営ができても、競争社会で淘汰されてしまうことになります。

ただ、社長が決めるのはあくまでも「全社」の向かうべき目標と方向です。営業や開発などの目標まで決める必要はありません。大枠は決めても、それらの各部署の目標ややり方は幹部に任せてください。

社長は全社の方針を立案し、幹部がそれを理解し各部署に落とし込む、これが方針立案のあるべき姿です。

そして方針をつくるだけではなく、それを確実に実行できる組織をつくり上げることも大切です。

そのためにはまず、経営幹部と方向性についてよく意見を交換し、腹落ちさせることが必要です。この時間と労力を惜しんではいけません。幹部が腹落ちしていない方針が、現場の末端まで届くはずもないからです。

幹部の多くが納得して進めている方向をひっくり返すことになるとすれば当然、反感も生まれるでしょう。しかしだからこそ、新社長として明確な考えを表明する必要があるのです。
　方向性を決めるときには、幹部の意見を聞くことも大切です。ただ、最終的に行き先を決めるのは、社長なのです。

チェックポイント

・方針や戦略が多数決で決められ、かつその計画が新社長の承諾なしに進めようとしていることを問題視しているか
・自ら方針立案に関わろうとし、かつ幹部と意思疎通するという観点があるか

第２案件

「会社買いませんか」

Ｅメール

差出人	株式会社夢屋　時兼代表取締役
題名	ご相談事項
宛先	株式会社 CTF 代表取締役社長
CC	
送信日時	20XX 年 11 月 15 日　22:03

先日はお時間ありがとうございます。

次回はマグロがうまい店を知っていますので是非そちらに。


さて、私の知人が経営コンサルをしており、彼からの話です。

千葉に和菓子製造の杉本製菓という会社があります。

規模は年商 30 億、従業員は 100 名ほどの 50 年企業です。

実はこの会社廃業するそうです。社長が高齢で後継者がおらず今年いっぱいと決断されたようです。

ご興味ないですか？


もちろん御社は洋菓子製造がメインのうえでのご紹介です。

杉本製菓側は御社の親会社が和菓子事業をされているということで乗り気です。


もしよろしければおつなぎしますよ。

そっそう、当社のオリジナルパンケーキの原価ももう少し下がれば（笑）

あなたならどのような判断・行動をとりますか?

1	2	3
お礼と今後の協力要請を行い、情報収集を兼ねて相手方と接触する。銀行などの別の視点からも意見をもらい会社の生き残る道を選ぶ。	洋菓子に資源を集中させ、リスクのある多角化は行わない。ただ夢屋は重要顧客なのでアポを取り信頼関係構築を図る。	和菓子市場はこれから伸びるのでこの会社を買収する。ほかの事業進出も検討しているのでさらなる会社の紹介を依頼する。

あなたが選んだ選択肢は

みあの考え 1

うーん和菓子かぁ。でも資料を見ると、洋菓子の市場は縮小していくようね。このままじゃダメかも……新しい道を模索してみるか。ただ、シナジー効果は考えないとね。

甲斐のアドバイス

そうだね。新規事業を模索して生き残る道を探してみるのも、会社を経営する社長の仕事だね。

【多角化力】会社の寿命を延ばす方法

長年続いた企業であっても、世の中の変化の波を受けて市場から取り残され、消えていくことがあります。

たとえば、一昔前はロードサイトや商店街によく見られたゲームセンター。今はスマートフォンの普及でネットゲームの波を受け、転覆寸前です。着物を販売していた会社も、着物離れやレンタル業者の台頭で倒産するところが出てきました。

世の中の流れだから仕方がない、という人もいます。しかし私は、世の中の流れだけではなく、会社の中の「ムラ化」が大きな原因の一つだと考えます。

「ムラ化」とは、昔からのやり方や価値観を大事にし、秩序を保つやり方です。

「ムラ化」が進行すると、本来目指すべき目的より、今までのやり方と秩序を守ることが目的になり、周りから見るとおかしいことでも、それが正当化されてしまいます。

社長は会社を「ムラ化」させてはいけません。

枠組みを取り払い、その先を切り開く。それこそ企業の生き残る道です。

たとえば、あなたの街の書店を思い浮かべてください。

書籍や雑誌の市場が急速に縮小する中、書店はさまざまな努力をします。しかしその中でも、昔からの枠組みから脱せない、つまり「街の本屋さん」から抜け出せない書店は、事業の継続が難しくなるのです。

社長はまず、自社がサービスを提供している市場の状況を知りましょう。

市場を池に例えると、その池の水が増えているのか、減っているのか、それによって戦略は変わってきます。

限られた市場で縮小する中、競争する相手が増えると、競争激化となります。

これをレッドオーシャンと呼びます。血と血で洗うような価格競争に突入して、最後は生存できない状態になります。

社長はこの状態から脱却し、事業が安定して成長できる道を探すのが使命なのです。


「１００年企業」と呼ばれる長寿企業。一見、外観は変わっていないように見えても、実は時代に合わせて変化している企業が多くあることに驚きます。

「ツムラ」という会社をご存知でしょうか。

私はこの会社名を聞くと「バスクリン」という入浴剤をイメージするのですが、すでにその事業は売却し、今は医薬品に特化しています。


うまく変化する企業は、世の中から淘汰されることは永遠にありません。


会社の寿命は「30年」と、一般にはいわれます。

やり方を変えなければ、30年で寿命が尽きるのです。さらに近年のＩＴの発達などで、変化の速度は加速しています。

その中で社長は、常に環境の変化に応じた「生き残る道」を模索しなければならないわけです。

ただ、「よし、わかった」とばかりにあちこちに手を出しすぎて失敗する企業があるのもまた事実です。

必要なのは「論理的な多角化」です。

思い付きの多角化ではなく、現業とのシナジー効果などを関連させていく必要があるのです。

次のページに掲載する図は、アンゾフの成長マトリクスと呼ばれるものです。

事業を成長させるには、4つの方法があります。

今の市場が今後も拡大する見込みがあるのなら、その市場をもっと深堀りすればいいでしょう。これが「市場浸透」です。

他方、既存の顧客に新しい切り口のサービスを開発するのが「製品開発」、既存のサービスを、今までアプローチしていない顧客に拡販するのが「市場開拓」です。

そして、新しい市場に新しいサービスで挑戦するのが「多角化」です。

最もリスクが大きいのは「多角化」です。しかし自社の既存サービス・既存顧客と何らかの関連性があれば、成功の確率は高まります。たとえば、今の製品に使っている技術を利用するという方法もありますし、販売方法などのノウハウを活用する方法もあります。

事業はギャンブルではありません。多角化も、一か八かの大博打で仕掛けると失敗しま

アンゾフの成長マトリクス

		市場	
		既存	新規
製品	既存	①市場浸透	③市場開拓
	新規	②製品開発	④多角化

す。

その半面、リスクを恐れて、その場所にじっと居つくのもまた、経営にはリスクなのです。

チェックポイント

- 現状にこだわるのではなく、資料などをもとに、これからの活路を模索する行動がとられているか
- 論理的な新規事業のビジョンを持っているか

第３案件

「定例経営幹部議事録」

Eメール

差出人	株式会社 CTF 経営企画部　雑賀部長
題名	経営会議　20XX 年 11 月 8 日 議事録
宛先	株式会社 CTF 全幹部
CC	株式会社 CTF 全部長　総務部全メンバー
送信日時	20XX 年 11 月 12 日　10:08

各位
議事録をご確認ください。

会議名：定例経営会議
開催日時：20XX 年 11 月 8 日（日）　11 時から
場所：会議室 A
参加者：副社長　取締役　部長全員　総務部メンバー　25 名

議題１　VISION7 計画の進捗確認（新規事業課より）

10 月時点の計画進捗報告
7 新規事業のうち、4 事業については計画見直しの必要性あり。
副社長よりの指摘事項
1. 直販・通販事業はもっと売り込みを工夫し売り上げ目標を必達すること
2. ふるさと納税プロジェクトは市のキーパーソンに至る人脈を探すこと
3. チョコレート事業は洋菓子開発部からの人員移動を実施し、今期中の発売を目指すよう
4. 海外事業はアジア諸国をターゲットとすること

議題２　京都工場洋菓子ライン入れ替えの件（製造部より）

メーカーよりの見積もりは 5 億円、当初より 1.8 億円コスト増
理由：生地成型装置のみの取り換えはシステム上難しく、バラエティ成型テー

ブルごとの入れ替えが必要。スライサーも規格が合わないため。

メーカーより提案として、洋菓子製造ラインをすべて取り換えたほうが長期的にはコスト減になる。（参考：ライン入れ替え９億）

議題３　名古屋工場の用地買収について（製造部より）

11月１日（日）オーナー側より、現名古屋工場用地をマンション用地として売却したいとの理由で物件の明け渡しを通告された。

契約を確認すると、第15条において契約満了日の２月26日（金）に引き渡さないとならない契約となっていた。

オーナーと交渉しているが、オーナーはマンション建設業者より高い値段をつければ土地を譲るとのこと、用地買収の方向性についていかがなものか？

副社長より指摘事項
1. なぜそのような契約になっていたのか？　誰が契約を実施したのかを報告すること
2. オーナー側との交渉を粘り強く実施継続すること

あなたならどのような判断・行動をとりますか？

1	2	3
戦略の見直しを表明し、新事業の取捨選択を行うために詳細な情報収集を指示。新規投資に関しても資金計画とリンクさせて一覧化させ、そのうえで決定する。	各事業に関してもっと抜本的な対策を指示。全社を挙げて新事業に応援体制を構築させる。全事業採算がとれるベースにもっていくよう、追加投資をしてでも支援することを指示する。	原資は限られているので、既存事業の立て直しと、新規事業計画、工場への投資に均等割で行うように指示。バランスを重視する。

あなたが選んだ選択肢は

みあの考え 1

聞いている話とずいぶん違うわね。重い課題が山積じゃない。こんなときはどれを優先させるか考えないとね。まずは一覧化させよう。

甲斐のアドバイス

おっ、いい考え方だね。どこに原資を集中させるか考えないとね。どれも手を付けようとすると、どれも片付かない状態になるからね。

【取捨選択力】原資を集中させて最大効果を狙え

社長は与えられている資産を有効に活用し、最大のアウトプットを出し続けることが仕事です。そのためには投資をする力が必要です。

資産運用では分散投資がセオリーとなっています。しかし会社経営でいろいろなところに分散して投資することは、言い換えれば「戦力」が分散するということであり、すべての事業が育たなくなります。

多角化には「パーチョキグー理論」という考え方があります。「パー」でいくつもの選択肢を持って事業に挑戦し、そして「チョキ」で選択します。そして残った事業に「グー」で全力を投入して育てるという方法です。

この理論を使えば、挑戦をしつつも、原資を絞り込み集中させる効果が期待できるわけです。

手を広げるだけではなく、期限を決めて絞り込む取捨選択が必要になってきます。

社長の取捨選択の判断を狂わせるのが「埋没コスト」の存在です。

埋没コストとは、投資したコストのことです。

たとえば、3億円を投資してつくったお店が赤字で、本来は撤退するべきなのに、「3億円」という投資額がまるまる損になるのを嫌い、取り戻すためにさらに資金を追加投資するといったケースです。

この判断は誤りで、3億円を取り戻すということよりも、損失をこれ以上拡大させないという観点が必要になってきます。

第3案件では、すべての新事業を黒字化させることよりも、どの事業を撤退させるかという判断、もしくは、いったんすべてから撤退して体制を整えるという判断も必要です。

また投資は、リターンがどれだけあるのかという感覚も必要です。

これを「費用対効果」といいます。

たとえばある企業の社長が、テレビCMを出す決断をしたとき、「そうか、当社もテレビCMを出せる会社になったか」と感慨深げにつぶやいたとします。

しかしこれは、費用対効果の考え方からすると失敗する投資方法です。

大事なのはテレビCMを出すことではなく、テレビCMによって新しい顧客をどれだけ増やし、どれだけのリターンを得られるかだからです。

設備投資も同じです。設備にどれだけ投資しても、その設備が収益を生み出さなければ、企業にとっては癌のようなものです。実際、過剰な設備投資で倒産する企業も後を絶ちません。

チェックポイント

- 投資が拡散していることに気づき、取捨選択する必要性を感じているか
- 工場の新規設備投資に問題視をして保留としているか

第 4 案件

「お前いらない発言」

E メール

差出人	株式会社 CTF 総務部　今井孝
題名	【親展】労働管理局の立ち入りの件
宛先	株式会社 CTF 代表取締役社長
CC	
送信日時	20XX 年 11 月 10 日　17:41

社長恐れ入りますがご報告でございます。

結論から申し上げると「黒」のようでございます。
顧問社労士にも相談しましたが、製造管理課の山本課長以下 4 名ほどが結託して労働管理局に垂れ込んだことは裏が取れています。
副社長の暴言の録音も社内掲示板に上がっており確認いたしました。
具体的には「お前いらない」「使えないやつはいらない」「お前価値がない」という部分がパワハラと捉えられてしまうそうでございます。

副社長に山本課長たちに謝罪をしてはと具申しましたが、聞き入れて頂けません。大変申し上げにくいですが社長から説得いただくわけにはいきませんでしょうか？

力不足で申し訳ありません。情けないです。

あなたならどのような判断・行動をとりますか？

1	専門の弁護士をつけて企業防衛を図る。該当社員に対しては会社に損失を与えるような行動をしたことを戒めて、指導の受け取り方を変えるように教育させる。
2	副社長と該当社員の問題であり、大ごとにしないように内密に処理させる。
3	事実確認をさせて、事実であれば副社長とともに自分も謝罪をする。企業風土の改革とともにコンプライアンスの教育を実施させる。

あなたが選んだ選択肢は

みあの考え 3

ひどいっ。こんなこと副社長が言っているとしたら大問題だわ。社内のコンプライアンスに対する意識を高めないと。

甲斐のアドバイス

そうだね。ほかの案件でも副社長にハラスメントの意識がないように見えるね。まずはコンプライアンスの意識向上が課題だね。

【コンプライアンス感覚】グレーは見方次第で白にも黒にもなる

コンプライアンスとは法令順守のことです。

法律だけではなく、社会的規範を守って行動することをいいます。

多くの人が重要だと考えるのですが、案外、意識が薄くなりがちなのが社長自身です。

社長には、チームを率いて目標を達成させる執行力が求められます。

しかしその執行力が、ときには売上至上主義、利益至上主義となり、現場を限界まで走らせて、結果的にコンプライアンス違反をさせることになることもあります。

社長は会社の中で、絶対的に強い権力を持っています。

「強い権力」は、会社という大きな船のかじ取りに必要である一方で、「自分の力でどうにでもなる」という誘惑も生みます。その誘惑はときとして法を破らせ、自らの船を沈ませうる巨大な波になります。

気に食わない社員を異動させることも、会社の決算数字で脚色することも、強い権力がある社長だと可能ですし、正当化することもできるでしょう。

その行動は、必ずしも法律に違反していなくても、倫理観のかけらもないものです。

社長は「コンプライアンスを守る」という意識だけではなく、「倫理に背かない行動を取る」という意識が必要なのです。

倫理観とは「人として守り抜くべき道」です。善悪の区別ができるかどうかということです。

社長になると、この倫理観が常に揺れ動きます。

「儲け」は必ずしもきれいな分野ばかりでは生まれないからです。

たとえば、東日本大震災が起こった直後、乾電池が法外な値段で販売されたケースがありました。

社会から非難を浴びましたが、現実には「利益が取れるのならばそれでよし」とする社長もいるということです。

短期的な利益を追求すると、人としてふつうに考えれば悪い方法でも、まるで最善の方法であるかのように見えてくるのが経営の怖さです。

しかし、このような倫理性を欠いた経営や利益追求は、企業を滅亡の道へと引きずり込んでいきます。

近年はとくに、コンプライアンスに対して世の中の感度が上がり、昔は問題にならなかったことでも大きな問題になることが多くなりました。社長はこの事実を自覚しなければなりません。コンプライアンスを守ることは、自社を守ることにつながります。

経営をしていると、きれいごとばかりでは乗り切れないこともあります。もしかしたら、乗り切れないケースのほうが多いかもしれません。

だからこそ、コンプライアンスが重要なのです。「ばれなければいいか」。そのような悪魔のささやきが聞こえたときは、「人として、何が本当に正しいのか」を自問自答してください。

社長は、「これはグレーゾーンかな」と思ったときこそ、高い倫理観を持って物事を観察し、判断しなければなりません。するとグレーゾーンが「白」ではなく「黒」に見えてきて、暴走を未然に防ぐことができます。

チェックポイント

- コンプライアンス違反の影響が経営に与えるインパクトを認識しているか
- この事案を「氷山の一角」ととらえられているか
- 副社長への指導を実施しているか

第５案件

「手間と生産性、どちらをとる?」

Eメール

差出人	株式会社 CTF 京都工場　笹沼工場長
題名	RE: 生産性目標未達の件
宛先	株式会社 CTF 副社長
CC	株式会社 CTF 代表取締役社長；生産本部長
送信日時	20XX 年 11 月 12 日　12:36

ご指摘の通りお恥ずかしい限りです。
ご指示の通り、生産性の本を買い初心に戻り生産性向上に邁進してまいります。

他工場長にもご指導を仰ぎますが、当工場はほかの工場と異なり、特殊商品の比率が７割を超えておりますので京都工場独自の生産性向上案を直接ご相談させていただきたく、不躾ですがお時間を頂けないでしょうか？

また来月導入が決定している大藤屋百貨店向けの飴細工ケーキについても、ご相談させていただければ幸いです。
この度はご迷惑をおかけしたことをお詫び申し上げます。

-- 返信元 --

差出人　株式会社 CTF 副社長
題名　生産性目標未達の件
宛先　株式会社 CTF 京都工場　笹沼工場長
CC　株式会社 CTF 代表取締役社長；生産本部長
送信日時　20XX 年 11 月 11 日　10:36

まったく話にならない結果です。
他工場長から学べ。
全社を挙げて生産性向上に注力しているのは、あなたでも理解しているはず。
銀行からも指摘を受けています。
生産性について基礎から学んだほうがよろしいかと。
いくつか本を読みなさい。

あなたならどのような判断・行動をとりますか?

1	目標を決めたのなら言い訳をせずに必ずやらせるように指示。言い訳先行になっている職場風土改善に取り組む。
2	一律の生産性目標にすべての工場を適応させることに疑問を感じ、再度精査させる。戦略を策定して各部門に落とし込むことを告げる。
3	各工場みんな頑張っているのだから、生産性目標を設けず、各自に任せる。自主性を与えてモチベーションを高めれば、結果的に生産性が上がる。

あなたが選んだ選択肢は

みあの考え ２

確かに生産性を上げることは大事だけど、そればかり追求すると商品の価値が下がることも心配ね。どの工場も一律の目標を課すのは何か違うような……。

甲斐のアドバイス

さすがだね。大事なのはどれだけの付加価値を生み出すかだよね。効率と効果を混同してしまってはよくないね。

【付加価値創造力】削ってよいものと削ってはいけないもの

私は「経営者」「作家」「講師」という３つの仕事をしています。

３つの仕事に共通していることがあります。

それは「付加価値をどのように生み出すか」を考えることが大事であるということです。

たとえば、講師として講演を依頼されたとします。

最も効率的なのは、どの講演でも、話す内容をすべて同じにすることです。すると、慣れているから練習もいりませんし、スライドや資料もつくり変える必要がありません。

しかし私は、事前にヒアリングしたテーマに沿ってアレンジをします。スライドも一回一回つくり変えますし、その企業のトップが発信したいメッセージを盛り込んだりもします。

「ああ、そこまでやってくれるのか」

こう言ってもらえるのが付加価値だと私は考えています。

私の講演料は、当社の社員の講演料よりも20万円ほど高く設定させていただいています。これは決して「社長が話すから」という理由ではありません。それだけ高い付加価値を提供できるという自負があるからです。

会社経営も同じです。付加価値を顧客に与えることで利益が生まれます。

「利益を最大化するために効率化をする」「無駄は極限まで排除すべきである」。理屈はよくわかります。

しかし、経営者の第一の務めはあくまでも、与えられている資産から、最大限に経済的価値のあるアウトプットを生み出すことであることを忘れてはいけません。

「満足されるレベル」を追求するのではなく、「感動されるレベル」を目指すのです。

低コストでそこそこの満足を生み出したところで、いずれは淘汰されてしまいます。

付加価値が大事であるはずなのに、効率を追求するあまりに、付加価値を犠牲にして売り上げを下げてしまうケースはよくあります。

「効率」と「効果」をごちゃ混ぜで考えてしまう社長もいます。

「残業時間を減らして、今より売り上げを上げろ」という指示もよく聞きますが、これはおかしな指示です。まさに「効率と効果の考え方がごちゃ混ぜになっている」典型的な例です。

これならばまだ、「残業をしてでも売り上げを２割上げろ」と指示したほうが理にかなっているでしょう。

「効率」と「効果」の両方を追求しようとすると、どちらも中途半端になるばかりか、方向性が定まらなかったり、大事な付加価値を失ってしまったりする結果につながります。

そして忘れてはいけないのが、社長は「効果」を追求するべきだという点です。

「効率」は戦術や手法の問題であり、「効果」は戦略の問題です。

社長は戦略を考える仕事です。効果を重視して考えなければなりません。

たとえば、漁船団を率いるリーダーがいたとしましょう。彼が考えるべきは「いかに多くの漁獲量をあげるか」です。そのためにどんな装備でどんなフォーメーションにするかを考えなければなりません。

これが「効果」を追求するという考え方です。

社長は「効果」を追求し、幹部は「効率」を追求する。このようにして付加価値を最大化しつつ、余計なぜい肉が付かない筋肉質な組織をつくり上げるのです。

チェックポイント

・一律の尺度で比べることができないということに気づいているか
・付加価値を考え、新しい方向性を打ち出すことができているか

第 6 案件

「もうチョコレート納めません」

E メール

差出人	株式会社 CTF 製造部　豊島部長
題名	マキシムからの申し出の件
宛先	株式会社 CTF 副社長
CC	株式会社 CTF 代表取締役社長
送信日時	20XX 年 11 月 12 日　15:27

マキシムチョコの社長から文書にて申し出がありました。
当社が進めているチョコレートプロジェクトについての見解を求められており対応に苦慮しております。
（一年前にチョコ事業を始める際にこうなることを予測し進言申し上げていました）

ケーキのたま商材にはマキシム製チョコレートを使用しているばかりか、ホテルローヤルの洋菓子やケーキにも原料として使用しております。
もし申し出のようにマキシムからの原料調達が出来なくなると、場合によっては製品が出荷できない状況に陥ります。

経営企画部および商品部で責任を持って対応を願いたい。

マキシム側には 11 月 25 日（水）までに見解を求められております。

あなたならどのような判断・行動をとりますか?

1	2	3
戦略を見直しする方向で動いていることを相手方に伝える。重要なパートナー企業であることから、幹部をすぐに謝罪に向かわせて信頼回復に全力を尽くす。	新規事業は会社の方針であり、すでに動き出していることからそのまま継続させる。マキシムチョコとの取引が終わる可能性から、別メーカーを探すように指示する。	マキシムチョコと同レベルのチョコレートの開発を指示し、その他の原料も自家生産に切り替える方向性を打ち出す。

あなたが選んだ選択肢は

みあの考え **2**

このメーカー、高圧的ね。こっちがお金出しているのに、納品しないだなんて……チョコレートメーカーはほかにもあると思うから、探させよう。

甲斐のアドバイス

おいおい、青山さん。それはどうかな。原料を供給してくれている取引先もステークホルダーだよ。ここと信頼関係を保たないと、経営がうまくいかないよ。

【根回し力】ステークホルダーと仲良くしておく秘訣

経営が順調なとき、社長はついつい、世界が自分を中心に回っているように勘違いするものです。

従業員が働いてくれて事業が成り立っているのに、「自分が従業員を養っている」と感じるようになったり、取引先企業に対しては「自分が仕事を与えている」と思ってしまったりすることもあります。

このような考え方になると危険です。

どのような事業でも、社長単独で進めることはできません。顧客だけではなく、従業員や取引先などの力がないと、事業は成り立たないのです。

そして会社も、自社単独で事業をしているのではなく、資金やサービス、労力を提供してくれている関係者が周りにいるからこそ、成り立っているわけです。

これら、自社を助けてくれる関係者を「ステークホルダー」といいます。

ステークホルダーというと、株主や銀行を指す言葉のように使われがちですが、そこには原料を供給してくれている企業や働いてくれている従業員も含まれます。

私がステークホルダーの大切さを痛感したのは、前職のダイエーで店舗勤務だった頃のこと。まさにニュース速報で「ダイエー破綻」の報道がされたときです。

ニュース速報が流れたのは夜でした。翌朝、店舗に出勤すると、取引先から電話がひっきりなしにかかってきたり、従業員から説明を求められたり、商品券を持っているお客さまが一気に押し寄せたり、といった状況が巻き起こりました。

自社はこれほどまでに多くの人に影響を与えていたのだと知りました。

ステークホルダーを大事にするということは、人間を大事にするということ。**つまり「自分が嫌だと感じることを相手にしない」**。これが鉄則です。

とくに相手を裏切るという行為は、今まで蓄積してきた信頼を一気にマイナスにしてしまいます。

社長になると、公表したくない悪い情報も多く入ってきます。しかしそれを隠すのではなく、あらかじめ根回しをして、衝撃を緩和させることが大事です。

社長には「根回し力」が必要なのです。

「社長に根回し力なんて必要か？」と思う人もいるかもしれません。

確実に必要です。根回しは「自分のため」に行うものではなく、「相手のショックを緩和させるため」に行う、思いやりの行動だからです。根回しのできない社長は「自分が嫌だと感じることを相手にしない」という鉄則を守れません。

根回しは、対外的な相手だけに行うものでもありません。

社内でも、キーパーソンに根回しを行ったうえで社内に情報を伝達することで、スムーズに自分の意思を社員全員に伝えることができます。

社長になれば、ポジションのパワーで自分の意思を伝えることも確かにできるでしょう。

しかしそれは、本質的な理解や納得を促すものではありません。

人間は感情で動く生き物です。

社長になったらかえって、今までの2倍の根回しを心掛け、パートナーを大事にしていきたいものです。

チェックポイント

- パートナー企業を失うことによるリスクを認識しているか
- パートナー企業との信頼構築の重要性を認識しているか

第 7 案件

「包装紙は緑色でいいですか?」

Eメール

差出人	株式会社 CTF 商品部　金子部長
題名	ご報告
宛先	株式会社 CTF 代表取締役社長
CC	副社長
送信日時	20XX 年 11 月 8 日　11:15

ご報告事項

1. ジェコンドの素材の件でご指摘通りデコレーションケーキにムースを採用することにしました。
2. 作業室に入る前のうがい薬噴射機ですが、強さを4．4から5．2にご指摘通り変更しました。
3. 長崎商工様向けのエアクッキーのパッケージはご指摘の通りにサック箱を採用し、あけやすくなるようにスリットを入れリバース方式を取り入れました。

ご相談

1. 長崎商工会様向けのカボチャクッキーの包装紙は緑色で良かったですか？
2. ご指示のノンシュガー製品のアスパルテームは私もすでに検討しておりましたが、製造部から原料高騰で難色を示されております。原価無視でやりますか？

金子

あなたならどのような判断・行動をとりますか?

1	緑色は食欲を盛り立てない色であるので、赤など別の色を使うように指示する。
2	今まで通りでやるように指示する。
3	現場に任せる。

あなたが選んだ選択肢は

みあの考え 1

細かくはわからないけど……緑ってダサくない？　やっぱりスイーツは赤でかわいらしく……。

甲斐のアドバイス

あ……悪くないけど、青山さんは社長なんだから経営のことを考えなきゃ。もっと仕事を社員に任せようよ。

【一任力】できる社員を増やすか、社畜を増やすか

いつも現場で、従業員とともに汗を流して働く社長がいたとします。

あなたはどのように思うでしょうか。

「いい社長じゃないか」と思うかもしれません。

しかし、それは少しポイントがずれています。なぜならば、社長は「社長にしかできない仕事」をするべきだからです。

社長の時間は貴重です。社員以上にしっかりと優先順位をつけなければなりません。それも、「やるべきこと」の順位をつける以前に、「やらないこと」を決めることが大切です。

「何をしないのか」を決めるのです。

「自分がやったほうが早い」「任せる人間がいない」と考え、つい社長自身がやってしまうことが多いかもしれません。

しかしそれは、社長がやる仕事ではありません。代わりに仕事をしてくれる人を育成して解決すべきことです。

社長が社員の領域の仕事に口や手を出すと、次のようなリスクがあります。

- **社員のモチベーションが落ちる**
- **社長本来の仕事ができない**
- **社員が育たない**

私自身、苦い経験がたくさんあります。

社長が一度、社員の仕事をしてしまうと、その仕事は次から「社長の仕事」となってしまいます。

社長自身が判断したことは、次から社員が判断せず、社長にお伺いを立てる結果になるからです。

社長が手や口を出すことは、結果、部下の仕事を取り上げることになるわけです。

最終的に、仕事を取り上げられた部下はモチベーションが下がるのです。

それだけではありません。社長の仕事が増えるので、大事なマネジメントの時間が徐々に減り、「頑張っているのに経営が傾く」という状態になりかねません。

何度も言います。社長は社長の仕事をするべきです。

この場合の「社長の仕事」とは何か。それは、後継者の育成をはじめとした教育や部下のモチベーションが上がる「働きがい」を提供することです。

そのためには「任せる」という判断をしなければならないわけです。

社長は社員の仕事をつくるのが仕事であり、社員の仕事を奪ってはいけないのです。

チャレンジングな仕事を任せてもらったり、上司から褒められたりしてうれしく感じたことはありませんか？

社長は、社員にそのような経験を与えるのが仕事なのです。

私もつい、部下の仕事、とくに自分が興味のある仕事に対して口を出したり、判断しようとしてしまいます。

そんなときには、自分にこう問うようにしています。

「本当にその判断は社長がしなくてはならないのか」

社長という職位は、会社のあらゆることを決めることができる唯一の存在です。だからこそ、判断することの取捨選択をしなければなりません。

チェックポイント

- 自分の仕事の領域を見極めているか
- 上手に部下に仕事を任せることができているか

第 8 案件

「民俗博物館への寄付」

Eメール

差出人	美沢町町長
題名	美沢民俗博物館創立のお願い
宛先	株式会社 CTF 代表取締役社長
CC	
送信日時	20XX 年 11 月 8 日 15:09

株式会社 CTF
酒井田社長殿

拝啓 秋涼の候、貴社には益々ご清祥のこととお慶び申し上げます。

美沢町町長の大河原でございます。

実は議員の猿渡様よりご紹介いただきご連絡させていただいております。


ご依頼内容は美沢町の町おこしを目的として、町立民俗博物館を建築することになりました。

ご存知の通り、美沢町は民俗文化財を集落保存し、散逸崩壊を防止するとともに、その文化価値を高めて参りました。

その価値を観光の起爆剤として博物館として開館することで町おこしを図る所存です。

先日お送りしました企画書をご覧頂いただけでは、充分なご理解は頂けないことと、多くの疑問点やご不安も生じると存じますので、まずは取り急ぎ、お手元に企画書をお届けし、11 月 19 日（木）に直接伺いお願いをさせて頂きたく、ご確認の程よろしくお願い申し上げます。

敬具

あなたならどのような判断・行動をとりますか？

1	地域への貢献は大事であり、長期的に見ると自社のブランドの価値向上にあたることから設立に全面支援する。
2	地域の有力者との関係性を構築するため、アポを調整し自ら面談する。
3	そのような余裕はまったくないので丁重に断る。

あなたが選んだ選択肢は

みあの考え 3

こんなときに寄付なんて無理無理。うまく断ってもらおう。

甲斐のアドバイス

青山さん、それはどうかな。地域社会などともうまく関係性を保つために、パイプはつなげておくべきだよ。一度会ってみたらどうかな。

【付き合い力】「私社長」から「公社長」への転換

社長は人脈を持つべきです。

人脈は新しいビジネスの展開を増やすばかりではなく、何かトラブルがあったときの解決にも役立ちます。そして何より、社長自身の成長につながります。

社長の人脈形成と、社員や幹部の頃の人脈形成とは少し違うところがあります。「公人」としての人脈形成となる点です。

「企業は社会の公器である」。これはパナソニックの創立者である松下幸之助さんの名言です。

会社は社長のものではなく、社会のものであるという意味です。つまり社長も「公人」なのです。

大辞泉によれば、公人とは「公職にある人。公務員・議員など。また、社会的な立場にある場合の個人」とあります。社長は紛れもなく会社の代表であり、発言の力も、権限も持っています。まさに「社会的な立場にある場合の個人」です。地方であれば、名士と呼ばれる人には会社の社長も多く入っています。

「公人」となると、付き合いの幅も広がります。

経営幹部のうちは、社内や取引先などとの付き合いがメインになりますが、社長になると経営者同士の集まりや銀行主催の交流会、業界団体の集まりなど、会社を超えた誘いが一気に増えます。

経営幹部が各担当部署の代表であるのに対し、社長は会社の代表だからです。

このような付き合いを嫌う社長もいますが、そのような人はまだ「私社長」を抜け出せていません。

「私」とは自分のことです。自分のやりたいことをやり、自分の報酬を増やす社長が「私社長」です。

確かに私は第1章で「社長の３Ｋ」を語りました。高収入・快適・かっこいい。これらを満喫しているのが「私社長」なのですから、何が悪いのだという声も聞こえてきそうです。

会社を立ち上げてから間もないうちは、「社長の３Ｋ」を追求する私社長スタイルで何の問題もありません。ただ、会社がある程度の大きさになると「私社長」のスタイルから脱皮し、「公社長」にならなければいけない時期がきます。

「私」が自分の利益を追求する姿勢であるのに対し、「公」は従業員の幸せや社会的役割を意識する姿勢です。

「公」に意識が転換すると、会社は「自分のもの」でなく「社員」や「社会」のもの、そして社長自身も「自分だけのもの」ではないと感じるようになります。

この考えが、社長としての「器」を大きくします。

「公社長」になると、「今」だけではなく「長期的な観点」を持つようになります。

長期的に会社が発展するにはどうすればいいのか。このように自問自答を重ねることで行きつくのが、地域・社会への貢献や、人脈の構成となるのです。

ただ、私はやむくもに付き合いを増やせと言っているわけではありません。

事実、本業をなおざりにして団体や勉強会の役割に夢中になり、結果として会社を潰した社長もいます。

それでも、社長は会社の顔であり公人です。質のよいお付き合いは社長の義務ともいえます。

その付き合いが会社の社会的価値を上げ、会社の発展につながり、社長自身の人としての向上に寄与するのです。

チェックポイント

・ぞんざいに扱わず信頼関係を構築する行動をとっているか
・地域の関係性に対して当事者意識を持っているか

第 9 案件

「強烈なポテンヒット」

Eメール

差出人	株式会社 CTF 副社長
題名	【至急】京都工場操業停止命令について
宛先	株式会社 CTF 代表取締役社長
CC	株式会社 CTF 全部長
送信日時	20XX 年 11 月 8 日　9:14

酒井田社長殿

結論から申し上げると、12 月 5 日から 12 月 25 日まで京都工場の 3 ラインが操業できない深刻な事態になりました。

原因は、京都市条例で定められている公害防止管理者が先月退職し、不在であることが表面化したことです。

人事部に確認すると、そのことについて製造部は確認し承諾したとのことでしたが、製造部は人事部に後任を依頼しその間、京都市に折衝したと聞いていたと話しております。

今回半年という短い期間に関わらず 3 度行政処分を受けたこと重く受け止めております。

あなたならどのような判断・行動をとりますか？

1	関係者に対して業務停止の影響を考えさせる意味で、懲戒などの処分を課し、社内のたるみを引き締める。
2	人間には失敗がつきものなので咎めない。みんなで再発防止を意識するように指示を出し、官公庁にはお詫びに伺う。
3	プロジェクトを立ち上げ業務フローを見直させる。そのうえで仕組みの再構築と当事者意識のあるチームへの変革を推進する。

あなたが選んだ選択肢は

みあの考え ３

えーっ。操業停止ってあり得ない。それもみんな無責任だし……この事件を機に一度仕事の流れをチェックして、みんなに責任を持って仕事してもらわなきゃ。

甲斐のアドバイス

うん、そうだね。縦割り組織になっているのかもね。組織を見直すいい機会だと思うよ。

【組織形成力】隙間を埋めるのが社長の仕事

組織は一見、一つのように見えますが、実はよく見ると、いたるところに隙間がありま す。

たとえば、製品を開発する部署と販売する部署の間に隙間があれば、いい製品をつくったとしても売れません。両者が歯車としてかみ合っておらず、バラバラだからです。

組織とは、南極の氷河のように、いたるところに割れ目がありながらも、同じ方向にゆっくり流れているものなのです。

社長とは、この割れ目を見つけ、その割れ目を埋める役割です。

隙間は組織間だけでなく、社員間にも存在します。

隙間が少ない会社は、コミュニケーションが円滑で、風通しがよく、連携がうまく取れています。


組織の隙間はどうすれば防ぐことができるのでしょうか。

実は、メンバーに当事者意識を持ってもらうしか、方法はありません。

会社はよく、スポーツのチームにたとえられます。社長は監督で、社員は選手です。

監督の仕事は、戦略を考えて、個々の選手の成長を促し、目標を達成し続けることです。

ただ、個々のメンバーが主体になってしまっては、うまくはいきません。

社員が「自分」という言葉ではなく、「自分たち」という言葉が多く出てくるよう、意識を持たせなければならないのです。

どんなに万全なフォーメーションでも、必ず隙間ができます。社長の仕事はその隙間を早く見つけ、埋めるために、各自に「チーム」という意識を持たせることが大切なのです。

一方、隙間を恐れ、重なりすぎている組織にしてもいけません。

隙間とは逆に「馴れ合い」や「責任の不明確」などが原因で、みんながカバーしすぎる組織です。

社長から見ると、仲のいい、チームワークの発揮された組織かもしれません。しかしこのような組織はたいてい、実力のない人を基準に目標が低く設定され、成長しません。

目指すのは、お互いの部署が明確に区分されて、お互いに切磋琢磨していく組織です。第9案件のようなケースが起きたときには、原因をうやむやにせずに、仕組みの再構築をすることが必要です。社員たちの当事者意識を持たせるチャンスととらえるのです。

社長は隙間に落ちる「ポテンヒット」より、その隙間自体を問題視する必要があります。まず社長は隙間に気づくこと。そしてその隙間を埋めるように組織を見直し、当事者意識を社員に持たせること。この2つを意識すれば、社長は組織形成力を発揮できるようになります。

チェックポイント

- 組織の縦割りに対して問題意識を持っているか
- 再発防止のための意識付けや方向付けはできているか
- 何度も再発していることを問題視しているか

第10案件

「3人だけの内定式」

Eメール

差出人	株式会社CTF総務部　今井部長
題名	【重要】内定者懇親会の社長出席について
宛先	株式会社CTF代表取締役社長
CC	株式会社CTF社長秘書
送信日時	20XX年11月9日　14:49

社長、お忙しい中恐縮ですがご報告です。
お待たせいたしましたが、来年度入社予定者の内定者懇親会の日程が決定いたしました。

12月5日13時～で、場所は当社会議室Dで予定しております。
出席者は3名でございます。

私の力不足と超売り手市場の中、15名の確保枠の中、3名ではわざわざ社長にご出席いただくまでもなく、不肖今井が社長代理として対応させていただきたく存じます。

来年はこのようなことにならないように、人事部一同、気合と根性で学生確保に努めたいと考えております。

あなたならどのような判断・行動をとりますか？

1	2	3
超売り手市場に対して人員と予算を2倍以上に増額し、採用を強化させる。足りない分は中途採用で補うように指示をする。	採用難の実態を分析しレポートさせて、専門家を交えて企業のブランディングを強化する。	採用レベルを落として、逆に社内教育体制を強化させる。「採用のプロ」の中途採用も指示する。

あなたが選んだ選択肢は

みあの考え 2

3人って……そんなに人気がないの？　うちの会社……。専門家にも来てもらって、たくさんの人が集まる会社になるにはどうするか、作戦会議からね。

甲斐のアドバイス

さすがだね。ブランディングや会社のイメージ戦略をしっかりとしないと、すでに働いている社員さんも辞めていってしまう可能性もあるからね。

【ブランド構築力】人が確保できないのはブランドが問題

会社が倒産する原因として真っ先にイメージするのは「お金が足りない」ということではないでしょうか。

もちろん資金不足は、最大の倒産原因です。その中で今、急速に増えているのが「人手不足」による倒産です。社員がいないために仕事を受注することができず、結果として倒産するというケースが増えているのです。この傾向は、労働力減少が加速する日本ではさらに増えていくでしょう。
経営に必要な4つの要素といえば「ヒト」「モノ」「カネ」「情報」。しかし現在では、「ヒト」の比率が急速に高まっているのです。

そのため、どの企業も人材確保に向けて力を注ぎ合っています。どの会社も「よい人材」を確保したいからです。

ただ、新卒学生にしても中途採用にしても、「よい人材」が面接にやってきてくれるのをひたすら待つのは、白馬の王子様を待つ夢物語でしかありません。

私の経営者仲間でも、新卒採用に多額を掛けたのに、結局1人も採用できなかったと嘆いていました。

第10案件では、選択肢3「採用レベルを落とし、教育を強化する」を選択した人もいるでしょう。

もちろん間違いではありません。しかし本質を突いているとも言いがたい選択です。会社や職場の魅力を上げなければ、今度は離職率が高くなってしまうからです。苦労して採用し、教育しても、すぐに辞めていく……というように、投資が無駄に終わってしまう恐れがあります。

人材が定着する会社にするには、まず自社が求める「現実的なよい人材像」をつくり、その人材が魅力を感じるような会社にするべく、ブランディングを考えなければなりません。

人が集まり、定着するにはどうすればよいか。社長は真剣に考えなければなりません。労働人口が減っているのは確かですが、一方で、人に困っていない企業もたくさんあります。

採用する側も必死になると同様に、応募する側も人生を委ねる船を選ぶわけですから必死です。働きがいがあり、わくわくするような夢を持てる会社を探しているのです。

一度、社長自身が応募者になりきり、自社を分析する必要があります。

1年間の退職率が2割を超えている会社に誰が応募するだろうか。ホームページが長らく更新されていなかったり、リンク切れしていたりする会社に誰が応募するだろうか。このように自問自答を積み重ねることが重要なのです。

私がブランディングとして重要視するのは「社長自身がその会社で楽しく仕事ができているかどうか」です。社長自身が満足できない会社に魅力などあるはずもないからです。

ブランディングは、大企業だけの問題ではありません。中小企業こそ、ブランディングに頭を悩まさなければなりません。

第10案件では、お金を掛ければいい人材が採用されるというわけではなく、社内教育をすればよい人材に育つ、という観点から、どうすれば魅力の出る職場になるかという本質を突く思考を持ってほしいものです。

チェックポイント

- なぜ採用難なのか、徹底的に分析しようとしているか
- 自社のブランディングを問題視しているか
- 採用難を会社の大きな課題としてとらえているか

第 11 案件

「後継者のうわさ」

Eメール

差出人	株式会社 CTF 営業部　大平部長
題名	親展：商品部長の件
宛先	株式会社 CTF 代表取締役社長
CC	
送信日時	20XX 年 11 月 7 日　16:35

大平です。

お出かけの直前のお声がけ失礼しました。

今日、お耳に入れたかったのは商品部の金子部長の件です。

彼は確かに優秀で、多くのヒット商品を出したのは事実です。

ただ、その多くは部下が開発したものであり、彼自身の能力ではないと社内でうわさされております。

そのような中、彼が次期副社長候補と考えていると社長がおっしゃったとのうわさが社内に流れております。
現在我が CTF は親会社のケーキのたまから見放され、窮地に立っておりますが社員が一丸となってやっておれるのは、酒井田社長の求心力があったからです。彼には無理です。

したがって私たちは強く酒井田社長の下で働くことを希望しております。

もちろん後継者も考えなくてはなりません。多くの社員は製造部の豊島さんが適任と考えております。

豊島さんは CTF のプロパーですし、かえで銀行の頭取からも評価をされております。
是非お含み置きいただければ幸いです。

大平

あなたならどのような判断・行動をとりますか?

1	後継者選びは銀行や親会社の意向を尊重し、ステークホルダーと協議して決定する旨を伝える。
2	後継者選びは部下から信頼されている人間でないとならないので、全従業員の意見を聞いたうえで民主的に決める。
3	当面、自身が社長として経営再建に注力すると伝えたうえで、後継者の育成のために勉強会を発足し、半年ほどで後継者を絞り込む。

あなたが選んだ選択肢は

みあの考え 3

何か不穏なメールを見ちゃった。誰を後継者にするか早めに決めないと、勝手にうわさが独り歩きしちゃうね。

甲斐のアドバイス

そうだね。まずは人選から始めてみたらどうかな。それも経営幹部の育成と兼ねて進めるといいかもね。

【事業継承力】バトンをうまく渡せるかどうか

後継者選びは、社長に着任したときから始まります。

後継者選びは単に「次の社長を選ぶ」だけではありません。「事業継承」という非常に重要な業務の一部分です。

「自分はいつまでも社長として元気に業務ができる」と思うかもしれませんが、その考えには大きなリスクがあります。人生１００年時代に突入したとはいえ、社長が病気一つせずに業務を遂行し続けられるとは限りません。

「社長死亡により廃業」。

これは、実際に私が面接をした中途採用応募者の履歴書に書いていた言葉です。

この文言を読んでショックを受けたとともに、自分も人間である限り、社長業を永遠に務めることはできないのだと再確認しました。


事業継承には時間が必要です。後継者の教育や社内体制の整備、株式の譲渡なども含め、「えっ、いつ社長が変わったの？」というくらいにスムーズに行う必要があるのです。

一方、事業継承がうまく行かない会社では「派閥争い」が激化して、新体制になっても経営がうまくいかなくなることがあります。

現職社長が事業継承を行ううえで最大の悩みが、この「派閥争い」です。みんなが仲よく協力し合ってくれれば言うことはないのですが、全員が社長の意思をわかり合い、受け止め合える会社は、残念ながらほんの一握りです。しかも、従業員の数が増えてくるとなおさらです。

私は、「派閥」自体は悪いものではないと考えています。多くの人間が集まる組織では、「派閥」なるものが存在するほうが、むしろ自然です。

問題なのは、「派閥争い」が社内で大きな負の力となることなのです。

「派閥争い」を「事業を前進させる原動力」にするには、社長の求心力と明確な方向性が必要です。

自らの求心力を保っている間に、自身の後継者を選び、育て、きれいに事業承継するのが一流の社長の仕事なのです。

あなたの次に社長になる人のためにできることは、後継者が着任したらスムーズに経営がスタートできる土台をつくり上げておくことなのです。

そのために事業を整理し、赤字を解消して財務体制を整えるほか、社内の求心力を高めて、全員が新社長の下でスタートできる準備が必要となってきます。

チェックポイント

- 調整活動をしようとしているか
- 自身の求心力を強めようとしているか
- 派閥抗争を問題視しているか

第 12 案件

「アイデアの湧き出る会社にするには」

Eメール

差出人	株式会社 CTF 製造部　豊島部長
題名	FW: ご提案
宛先	株式会社 CTF 副社長
CC	株式会社 CTF 代表取締役社長
送信日時	20XX 年 11 月 10 日　14:17

当社は創業から各工場単位で完結しているのが、良き伝統です。
彼らの要求を受け入れると、その独立採算性が失われるリスクが心配です。

-------------------------------- 転送メール ---------------------------------

差出人　工場再生プロジェクト
題名　ご提案
宛先　製造部　豊島部長
CC　副社長
送信日時　20XX 年 9 月 15 日　10:43

京都工場　第 4 製造課　品質管理　大久保です。
私たちプロジェクト全員の総意として
「3 工場横断改善チーム」の開設を提案します。

理由は、各工場で品質管理や原料管理などやり方がバラバラで、転勤になったときにまったく違った会社のようだったからです。

品質管理と原料管理、出荷管理のまず 3 チームを作り来月から活動したいと思います。
対象は私たちのように入社 5 年未満の若手で頑張りたいです。
いいですか？

あなたならどのような判断・行動をとりますか？

1	2	3
現場の意見や提案を積極的に採用する方向性を出す。そのうえで、現場からトップへ提案しやすい仕組みを構築するよう指示する。	新しい試みは今までのよき風土を壊す恐れがあるので、社内でもっと議論を重ねるように指示する。	現場が勝手なことをやりだすことを問題視し、本社主導の体制を強化させる。

あなたが選んだ選択肢は

みあの考え 1

あら、アイデアが現場の若手から出てくるって、いい感じじゃない。もっと現場からアイデアや生の声を吸い上げるような場をつくらなきゃね。

甲斐のアドバイス

そうだね。トップが聞いてくれる風土をつくれば現場はもっと元気が出るし、いい改善提案が出てくるかもね。素晴らしいと思うよ。

【風土醸造力】アイデアは現場から生み出せ

次のページに挙げる「優先順位実行マトリックス」で、最も大事なのはB象限です。「緊急度は低いが、重要度は高い」B象限に力を入れないと、やがて名前を変えて「緊急かつ重要な案件」としてA象限に登場します。

アイデアの出てくる風土がないと、やがて職場の効率が悪くなるばかりか、社員のモチベーションが落ちて退職率が増加するなど、経営に対してさまざまなダメージが出るので

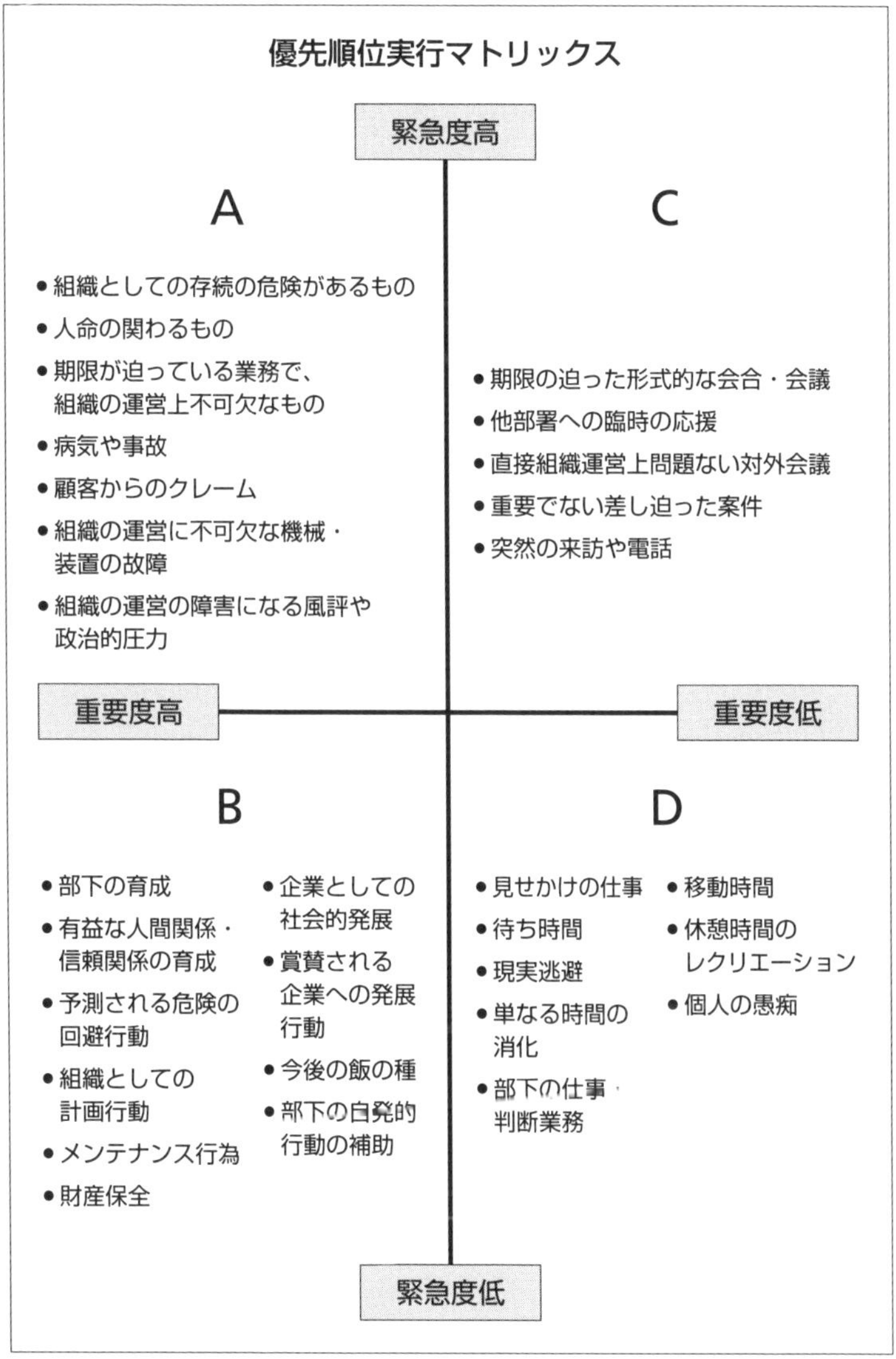
優先順位実行マトリックス
緊急度高
A
●組織としての存続の危険があるもの
●人命の関わるもの
●期限が迫っている業務で、組織の運営上不可欠なもの
●病気や事故
●顧客からのクレーム
●組織の運営に不可欠な機械・装置の故障
●組織の運営の障害になる風評や政治的圧力
C
●期限の迫った形式的な会合・会議
●他部署への臨時の応援
●直接組織運営上問題ない対外会議
●重要でない差し迫った案件
●突然の来訪や電話
重要度高
重要度低
B
●部下の育成
●有益な人間関係・信頼関係の育成
●予測される危険の回避行動
●組織としての計画行動
●メンテナンス行為
●財産保全
●企業としての社会的発展
●賞賛される企業への発展行動
●今後の飯の種
●部下の自発的行動の補助
D
●見せかけの仕事
●待ち時間
●現実逃避
●単なる時間の消化
●部下の仕事・判断業務
●移動時間
●休憩時間のレクリエーション
●個人の愚痴
緊急度低

す。

そのため多くの社長は、現場からアイデアや提案をたくさん出してほしいと考えています。

しかし実際には、社長自身がアイデアを枯渇させる原因をつくっていることも多くあります。

アイデアをつぶす最も大きな行動は、決して「アイデアを取り入れない」ことではありません。「アイデアを聞かない」ことです。

第12案件では、現場の若手社員からの提案を、会社の幹部が否定的にとらえています。社長はこの一部分だけを問題視するのではなく、新しいアイデアなどを受け入れない企業風土全体を問題視しなければなりません。

企業風土とは、企業として事業を継続するうえでゆっくりと培われてくる思考パターンや価値観、行動のパターンです。

第12案件で幹部が新しい考えを否定すると、若手社員はどう考えるでしょうか。「提案しても、どうせ聞いてくれない」と思い、新しい提案をしなくなります。

これが繰り返されると、誰も新しい提案などしなくなります。

こうして「アイデアの出ない風土」ができあがります。

会社が大きく方向転換しようとしているときや、吸収合併で違う会社が一緒になったとき、大きな問題を生み出すのがこの「企業風土」の違いです。

風土は、帆船の帆のようなものです。同じ風が吹いても、帆のとらえ方で船の進むスピードや方向が異なります。

風土の整備はそれほど重要なのです。

風土は、社長の日々の考え方や行動で変わってきます。

長く社長として経営をしていると、まるで自分を鏡で映し出したかのように、社員の考え方や行動が社長に似てきます。こうして風土ができあがるのです。

社長はこれを頭に入れておかなければなりません。

社長が会議にいつも遅れてくると、次第にみんな遅れ出し、時間に対する感覚が鈍い風土がつくられます。

社長が部屋にこもり、部下からの報告をぞんざいに聞くと、閉鎖的な風土になっていきます。

社長こそが「風土をつくる人」になるわけです。

だからこそ社長は、よくない風土を早めに察知し、時間を掛けて改善していかなければなりません。コンプライアンスに対しての意識が低かったり、新しい発想を周りが総力を挙げてつぶしていたりする風土は、即座に改善するべきです。

半面、いい風土はどんどん活かすことも大切です。新しいものに挑戦する風土があれば、経営の立場から応援して伸ばしてあげましょう。

自社がどんな風土か、社内にいると、意外と気づかないものです。そのため、定期的に第三者に来社してもらい、指摘してもらったり、ツールで測定したりして、まずは社内の風土を確認することが必要になります。

チェックポイント

- アイデアが出にくい風土であることを問題視したか
- 現場の声が反映されにくい障害を取り除く行動がとれたか

第13案件

「職場改善要望です」

Eメール

差出人	労働組合　椎名委員長
題名	職場改善要望の件
宛先	株式会社CTF副社長
CC	株式会社CTF代表取締役社長　幹部
送信日時	20XX年11月9日　13:58

以下要求書を添付にてお送りします。

ご確認のほどよろしくお願いします。

以上

※「要求書」は次ページ資料8。

資料8

要求書

20XX 年 11 月 9 日

株式会社 CTF
代表取締役　酒井田　菊蔵　　殿

労働組合
執行委員長　椎名　大輝

当組合は、組合員の総意により下記の要求を決定しましたので、要求書を提出いたします。

つきましては、20XX 年 11 月 25 日までに文書をもって誠意ある回答を示されるよう、申し入れます。

記

1. 京都工場での工場長指示内容について

(1) 経費 2 割削減指示と生産量 1 割向上の目標設定について
経費を削減し目標を上げるのは事実上無理な指示であり、それをノルマと課す指示の撤回

(2) クリスマスケーキの自社従業員への予約強要
クリスマスケーキキャンペーンの拡販は労使で確認済みであるが、一部従業員へ目標達成できない差額の予約を強要した事案に対しての見解

以上

あなたならどのような判断・行動をとりますか？

1	2	3
労働組合との話し合いの場を設定。良好な労使関係を樹立する意向を伝える。要望事項を事実確認のうえ、返答案のたたき台を作るように指示を出す。	会社は営利を追求するのでその点では指示は間違いないことを伝え、会社の経営がよくならないと労働組合になめられないようにくぎを刺す。	問題の2点は見解の相違であると伝え、部下に処理を任せる。労働組合担当役員をつくり問題がないようにさせる。

あなたが選んだ選択肢は

みあの考え 1

うわ、なんか険悪なムード。そもそも、こんな文書で要求される前にどうして話し合いをしなかったのかな？　一度、私が会って話を聞いてみよう。

甲斐のアドバイス

労使はお互いが力を合わせないといけないよね。青山さんのいう通り、まずお互いの信頼関係の再構築からはじめよう。

【労使信頼構築力】労使がとことんまで腹を割って話す会社はつぶれない

会社は労働を提供する人と、労働を使用する人から成り立っています。

労働を使用する人がいわゆる経営者であり、労働を提供する人は社員やスタッフにあたります。

お互い、平等な立場で話し合わなければならない関係です。

しかし現実は、「給料を出している」「働かせてやっている」という意識を持つ経営者が多く、その結果、労働者が使用者に対して一方的に不利な立場に置かれる「ブラック化」が進みます。

労働者に対して「給料を出している」「働かせてやっている」という感覚でしか接することのできない社長は、レストランで、「おれは金を払っているんだ」とわめいてウェイターに無理な注文を言いつける輩と変わりません。

第13案件は、単に「労働組合との付き合い方」という一面ではなく、労使関係が経営に与える影響を含めて考えてください。

そもそも社長が経営するにあたって、なぜ従業員と良好な関係を構築し続ける必要があるのでしょうか。

それは、社長と従業員とのコミュニケーションが、会社を存続させ続けるためには欠かせないからです。

経営者と社員・スタッフは、同じ船に乗った仲間です。船が座礁したときは、従業員の協力なしに脱出はできません。また、会社の糧となるアイデアや改善提案なども、経営幹部が気づくことは少なく、多くは現場から出てくるものです。

良好な労使関係は経営に必須であり、社長は従業員と対等のパートナーの関係を構築す

ることが求められるわけです。

従業員の立場から見ても、会社の経営を順調に成長させることで安定した生活を提供できるわけですから、労使ともに向かうゴールは一緒です。腹を割って話し合えば、絶対に通じます。

ただ、私個人の意見を言わせてもらえば、労使は良好な関係にならなければならない一方で、なあなあの関係になるのがいいわけではないと考えます。

互いに適度な緊張感を保ちながら、協力し合う関係を目指さなければなりません。

労使関係も、元を正せば、ただの人間関係です。

人間関係が上手にできない社長が会社の経営などできるはずもありません。

チェックポイント

- 労使関係を問題視しているか
- 対等な立場で労働組合側に接しているか

第14案件

「経営者育成セミナーの案内」

Eメール

差出人	全日本経営者協会
題名	第45回　経営者育成セミナー募集の件
宛先	株式会社CTF代表取締役社長
CC	
送信日時	20XX年11月14日　11:30

いつもお世話になっております。全日本経営者協会セミナー教育担当の黒岩と申します。
今回は第45回になりました経営者育成セミナーのご案内です。

◆毎回満席で好評のセミナーです。◆

中小企業向け経営幹部者10日間セミナー

経営後継者にしたい人材には受けていただきたい研修プログラムです。経営者として経営の原理・原則を体得し、経営幹部から経営者への最初の一歩を踏み出すプログラムです。

内容：1日目　経営者としての意識改革
　　　2日目　ビジネスモデルの構築
　　　3日目　財務力を身につける
　　　4日目　人脈構築方法
　　　5日目　戦略思考
　　　6日目　ビジョン構築
　　　7日目　組織構築
　　　8日目　経営者としての法律知識
　　　9日目　経営ロールプレイング
　　　10日目　成果発表

会場　箱根当社セミナー会場
日程　1月10日から1月19日まで（9泊10日）
費用　250万円（研修期間中の宿泊費は含みません）
＊詳細の資料請求及びお申し込みは当社までお知らせください。

あなたならどのような判断・行動をとりますか?

1	該当プログラムの内容を精査したうえで参加者を公募し、社内選考を実施する。そのうえで派遣を決定する。
2	自分が現職の間は派閥争いの根源になるのでこのようなセミナーに参加させない。自分の任期が近くなったら教育を始める。
3	費用が高すぎる。同様のセミナーでもっと低価格のものを探させる。

あなたが選んだ選択肢は

みあの考え　3

教育は大事だけど……250万円って高すぎない？　それに10日間も……そんなのにお金を出せるわけないじゃない。もっとリーズナブルなのを探すべきね。

甲斐のアドバイス

うーん、それはどうかなあ、値段の高い安いの問題よりも、教育をどのように考えるかが大事だよ。とくに社長の後継者になるための教育だから、もっと重視しなきゃだめだよ。

【後継者育成力】優秀な社長は経験でできあがる

「はじめに」でも述べたように、後継者不足が社会問題となっています。

ただ私は、「後継者不足」という表現に疑問を感じています。後継者がいないのではなく、「後継者を育てることができない」または「後継者にバトンを譲ることができない」社長が増えているだけなのです。

どちらかといえば「後継者育成不足」といったほうが現実に近いのではないでしょうか。

中小企業白書によれば、社長が後継者に経営を譲るのは平均51歳だそうです。

「えっ？　結構早いなあ……」と思われた現職社長もいらっしゃるでしょうが、この年齢で経営を譲ろうと決めた社長からすると「もっと早いほうがよかった」と感じているそうです。


その理由は、バトンを渡す側である現職社長の体力にあると私は考えています。

会社の経営は激務です。体力も必要ですし、心配事も一般社員とは比べものにならないくらいありますから気力も必要です。そのような中で後継者に経営のバトンを渡すためには、社長自身に若さが必要なのです。


後継者に親族や子息を選ぶ社長もいます。いわゆる同族経営です。

同族経営は、他人よりも親族のほうが信頼できるという点、そして親として、子どもへの愛情という点では一つの選択肢だと思います。

ただ忘れていけないのは、最も重要視しなければならない点は「社長が務まるか」だということです。

最初から完璧な社長なんて、どこにもいません。失敗をしてそれを振り返り、できていないところを学び、実践する。その繰り返しで社長の資質は育まれます。

私は、社長という仕事は誰にでもできると考えます。ただ、勉強しなければならないこともたくさんあります。あわせて、経験を積むことも必要です。

中には、２代目の社長に経営学やＭＢＡなどを学ばせたことで後継ができたと考える社長もいます。

しかし、「経営学」と「経営」は別物です。

英語を学校で習ったから、海外で支障なく英語が話せるかというとそうではないのと同じです。経営も、勉強したらできるかというとそうではありません。

経営のセンスや人の使い方、お金の回し方、そして会社の舵の取り方などは現場で、頭ではなく体で学習するものです。

社員の成長の１割は社外研修　２割は直接的な指導　７割は経験で成長するといわれています。このバランスを知って、教育を計画しなければならないわけです。

いい社長は、後継者育成に力と時間とお金を惜しみません。その力・時間・お金を「投資」と考えているからです。

社長は、社員に対して計画的に教育を施し、確実に自分の後継者を育てる必要があります。

チェックポイント

・第14案件を教育の機会ととらえているか
・指名するのではなく「募集」という方法も検討しているか

第 15 案件

「フットサルへの協賛金」

Eメール

差出人	株式会社 CTF 副社長
題名	RE: 協賛金について
宛先	株式会社 CTF 経営企画部長
CC	株式会社 CTF 代表取締役社長
送信日時	20XX 年 11 月 15 日　10:39

結論から言うと今年は支援できないと伝えるべきでしょう。

このように資金を垂れ流すのではなく、VISION7 計画に投入し計画を達成させることを優先させるべきでしょう。

また経営資金に剰余が発生した時は支援をする用意があると伝えたまえ。


------------------------------------ 元メール ------------------------------------

差出人　株式会社 CTF 経営企画部　雑賀部長
題名　協賛金について
宛先　株式会社 CTF 副社長
CC
送信日時　20XX 年 11 月 1 日　16:01

以下の内容を、ご確認ください。
○福沢市少年フットサル大会協賛の件
今期見送りということでよろしいでしょうか？

風評被害を避けるためにも減額してでも支援はするべきかと。

当社の協賛がないと会場が借りることができないと困窮されておりました。

昨年の協賛金 130 万円です。
副社長の仰せの通り、福沢市は以前工場があった場所で、現在は移転しておりリターンは見込めません。

あなたならどのような判断・行動をとりますか？

1	2	3
必要ない支出は限りなく削減するべきだが、社会貢献を短期的に考えては長期的な利益を失うことになる。別の支援策を検討するように指示する。	直接的な経営への影響がないのであれば支援を打ち切り、会社の成長に貢献する社会貢献先を探させる。	社会貢献が大事なので全面的なスポンサーになる。そうすることで子どもたちが当社の顧客や従業員になってくれるかもしれない。

あなたが選んだ選択肢は

みあの考え　**わからない**

以前工場があった場所って、今は関係ないんでしょ。でも、支援を打ち切ったら大会が開催できないって……困ったわ。ねえ、甲斐さんどうしたらいいの？

甲斐のアドバイス

青山さん、それはぼくじゃなくて社長が決めるべきことだよ。どのようなかたちで社会に貢献するか、この機会だから考えるべきだね。

【社会還元思考】寄付は本当に社会貢献か？

韓国でインバスケット研修をしたときのことです。

「注文を間違って、商品を大量に仕入れてしまった」というトラブル案件に対し、どのように判断・指示をするかというワークを行いました。

日本の研修では「何とかして納品を止める」「ほかのお店に協力してもらい、損失を減らす」という意見が多く出てくるのですが、韓国では違いました。

「無料で配布して地域に貢献する」

多くのグループがこのような発表をしたのです。

どうしてそのような判断になるのか聞いてみると、彼らはこう答えました。

「社会や地域に貢献すると、巡り巡って自分たちにも回ってくるから」

私は衝撃を受けました。

もちろん、この考え方が正しいとも間違っているとも言えません。ただ、私自身も経営者として「社会や地域に貢献する」という考えより、「いかに損失を少なくするか」という損得感覚のほうにウエイトを置いていることに気づかされた回答でした。

企業は利益を追求する集団です。利益が出ていないと、社会貢献どころではありません。

ただ、その利益をどのように社会に還元するかが大事なのです。

沖縄の離島に行ったとき、牛車に乗りました。

とても人気のアトラクションですが、少し気になったことがあります。

牛車乗り場の近くに、牛車に対する苦情のポスターが張られていたのです。

牛車の通り道は子どもたちの通学路であり、事故が起きることを危惧している内容でした。

観光客の私に、牛車は素敵な思い出をくれました。しかし地域からの苦情のポスターを見ていると、何やらこの会社のやり方に疑問を感じました。

利益が出ていても、地域や社会から受け入れられなければ、事業の継続はできません。顧客を含む社会が求めているのは「商品やサービス」を提供する機能だけではなく、社会のシステムの一部の機能という側面もあるのです。

自社だけが潤えばいいという考えでいると、短期的にはうまく経営できても、長期的には別の側面で行き詰まることになるのです。

企業が社会に対して追うべき責任をCSR（Corporate Social Responsibility）といいます。

大企業では環境保護やボランティアなどの活動をしています。これはともすれば「慈善活動」ととらえられがちです。

しかし実際は、そうではありません。自分たちがその地域や社会で事業を継続するために必要な活動ととらえるべきです。

たとえば、あなたの自宅の向かいにファストフード店ができたとしましょう。

毎朝、その店のファストフードの食べかすや包み紙などが自宅の前にあれば、抗議をするはずです。

ところが、そのファストフード店の店長は「そこは公道なので、私たちの管理範囲ではない」と主張をしてきます。

どう感じるでしょうか。この対応が仮に、ＳＮＳで拡散でもされれば、ファストフード店に対してのイメージは確実に悪くなります。売り上げは悪くなり、採用も難しくなります。ひょっとしたら投資家も投資を引き上げるかもしれません。

ＣＳＲは利益を生まない行動です。やらなければやらないで、短期的には事業活動が継続できます。

しかし長期的に見れば、企業価値を向上させ、生き残るために必要な活動であるといえます。

社長は、事業を通してどのように社会に貢献できるのか、長期的な視野を持つことが必要なのです。

チェックポイント

・現状のＣＳＲについて問題視しているか
・支援を打ち切る以外の支援策を検討しているか

第 16 案件

「生クリームがホイップに」

Eメール

差出人	株式会社 CTF 製造部　豊島部長
題名	【お詫び】迷惑メールについて
宛先	株式会社 CTF 副社長
CC	株式会社 CTF 代表取締役社長
送信日時	20XX 年 11 月 13 日　10:41

今回ウイルスから漏れたデータは大坪国際ホテルの菓子仕様書と工程説明書、原価一覧表や工程表が確認されています。

昨日、外部から指摘されたロールケーキに使用しているホイップですが、生クリームが昨年来高騰しており、その代替として現場の判断で使用していたようです。

現状、商品を供給している取引先からも特に申し出もなく、原料費が下がるならそれでよいとご担当者からも承諾を得たうえで、表示はそのまま生クリームという表記を使っておるとのこと。


念のため、11 月 13 日からは生クリームを使用し出荷しております。

今回の外部からの指摘については製造部で対応し、処理いたします。


製造部としてもメール管理に善処いたしますが、以前から申し上げている通り、情報管理システムの強化と、製造原価の引き上げを経営企画部と商品部に強く要望します。

あなたならどのような判断・行動をとりますか？

1	2	3
原料の偽装に対して、事実であれば速やかに公表し該当商品の回収などの対応を指示する。取引先や銀行などにも連絡し事の経緯を速やかに発表。長期的、本質的な解決策を策定・実施する。	今回の件は取引先の了承もとっているので、公表しない。とくに実害もないし、取引先に迷惑をかけるわけにはいかない。	ウイルス対策の対応をシステム部門に指示し、原料の件は製造部に対応を任せる。結果を副社長に報告するように指示する。

あなたが選んだ選択肢は

みあの考え 1

これはメールうんぬんの問題じゃなくて、原料を偽装しているってことじゃない!?　こんなことしているから資料6のように、該当商品の売れ行きが急降下してるのね。それより偽装はだめよ。すぐにやめさせて公表しないと、会社の存続自体が危ないわ。

甲斐のアドバイス

そうだね。これは一大事だね。でも青山さんの決断スピードと誠意があれば、信頼回復はできると思うよ。なぜこんなことが起きたのか、本質的にメスを入れる必要があるね。

【決断力】リスクとデンジャーを間違えるな

不祥事で社長が会見し、辞任する。このような報道をよく目にします。

しかし、社長の本当の仕事は「責任を取って辞めること」ではなく、不祥事そのものを起こさせないことです。

多くの不祥事や不正は、必ず前兆があるものです。突然、大きな不正になるのではなく、長年の積み重ねがあり、それが見過ごされてきたというプロセスがあるわけです。

だから私は、ニュースを見ていて「私は知らなかった」というように平然と釈明する社長をすぐに信用することができません。会社の風土を知っていれば、そのような事件が起きるかもしれないと想定できるはずだからです。

不祥事や不正を放置しておくと、とてつもないダメージを受けることになります。最たるものが、信用失墜による倒産です。

いかなる大きな企業でも、老舗の企業でも、不祥事を起こすと社会からの目は一気に厳しくなります。信用はとても大事なものなのです。

とはいえ、不祥事は「チャンス」でもあります。

対応のいかんでは、社会からの信頼を取り戻し、もう一度やり直す機会をもらえるかもしれないからです。

社会は「不祥事」より「不祥事に対してどのような行動をとったのか」を見ているのです。

不祥事が起きたとき、モノを言うのが社長の決断力です。

情報を集めたり、時間を掛けたりすることで「判断」の精度を上げることは可能です。

しかし「決断」はスピードが求められます。情報を集めて、じっくりと検討する時間がないことがほとんどです。

だから社長の「決断力」にかかっているのです。

先日もある企業が、不祥事の公表で後手を踏んだことにより社会からバッシングを受けていました。

「情報を集めて裏付けを取って公表するつもりだった」と社長が言っていましたが、それを「偽装工作」や「言い逃れ」ととらえられ、不祥事そのもの以上に槍玉に挙げられました。不祥事対応のまずさが、企業の信用をさらに失墜させたのです。

社長は「リスク」と「デンジャー」の違いを把握しておかなければなりません。リスクは「取り返しのつく失敗」であり、デンジャーは「取り返しのつかない失敗」です。

大きな商談が失敗したとしても、その売り上げは別の機会に取り戻すことができます。しかし、法律を破ってその商談を獲得したことが社会にばれると、信用を取り戻すことはできません。

第16案件では、「発表しなければばれない」と判断するとデンジャーです。

それは「隠す」ことと同義だからです。発表しても信用は落ちますが、それは「取り戻すことができる失敗」です。

とくに、社長自身が「発表しない」という方向に流されることは紛れもなく「デンジャー」であるといえます。

第16案件でも、遅れれば遅れるほど「隠ぺい」というペナルティが課せられます。

自社の膿を出し切る決断ができるかどうか、その中でどのように生き残るのかを考えるのが社長の仕事なのです。

チェックポイント

- 迅速な公表などの判断を行えているか？
- 対策本部の設置などを指示しているか
- 本質的な解決策を模索しているか
- ステークホルダーへの根回しを行えているか

第 17 案件

「銀行からのしつこい催促」

Eメール

差出人	株式会社 CTF 総務部 今井部長
題名	かえで銀行からの問い合わせについて
宛先	株式会社 CTF 副社長
CC	株式会社 CTF 代表取締役社長
送信日時	20XX 年 11 月 14 日　15:10

副社長、お忙しい中恐縮ですがご報告です。

かえで銀行の担当者、横山さんから 社長に確認してほしいと言付かったことです。

1. 7 月に頂いた経営数値の売上と利益の計画が実績と大幅に異なっているがどういうことか？
2. 9 月にご依頼した売掛金回収計画について期日が過ぎているがいつ提出していただけるのか？
3. 前回リスケされた支店長との面談日の件はどうなっているのか？
4. 御社の取り扱い商品のほとんどが洋菓子なのに、在庫高が膨らんでいるのはおかしいのではないか。

横山さんにしては珍しく語気が荒かったので早めの回答をしたいのですが、まずは来週一杯には回答するとお答え申し上げましょうか。

また、社長交代の件はいつのタイミングでお伝えするべきかもご教示ください。

力不足のため、副社長にご心労とお時間を頂き申し訳ありません。

あなたならどのような判断・行動をとりますか?

1	2	3
こちらは金利を払っており滞納もしていないので、そのようなことを言われる筋合いではないと伝え、長期的な視点で別の銀行を探させる。	融資を引き揚げられると困るので、ひとまず経営が良好な部分の数字をまとめて報告させる。そのうえで、別案件で資金が必要なので追加融資を依頼させる。	着任後すぐに支店長と面談しお詫びしたいとアポ調整をする。社長交代の件もすぐに連絡させる。質問事項について情報を集める。

あなたが選んだ選択肢は

みあの考え 1

なんだか、銀行とも仲が悪そうね。私もこんな質問攻めする銀行苦手だなあ。そうだ、もっと好感度の高い銀行を探させよう。

甲斐のアドバイス

おいおい、社長は銀行はじめステークホルダーと良好な信頼関係を保たなきゃ。今回巻き起こっているいろいろな事態でも協力をお願いしないといけないのに……。

【誠意力】信用貯金のため方

経理担当をしている人ならともかく、会社員として働いていると、銀行は一預金者としてて窓口やATM、インターネットバンキングでお世話になるくらいのイメージしかないものです。

私は起業するとき、口座開設のために窓口に行きました。きっとお礼に粗品でもくれるのだろうと、軽い気持ちで銀行に行きました。

しかし結論からいえば、口座すらつくれませんでした。

個人と法人ではこれほどまでに対応が違うのかとショックを受けました。

それでも数年経営し、経営数値がよくなると、銀行の方が続々と訪ねてきてくれます。

そしてお付き合いが始まります。

銀行は会社から見ると、輸血バンクのようなものです。

会社のお金は「血液」です。お金がなくなってきたときに、輸血をして助けてくれるのが銀行です。

ドラマではよく、「晴れている日に傘を貸し、雨の日に傘を取り上げる」など、銀行は非情に描かれます。私自身、この描写に違和感を覚えます。「傘を取り上げられるほうにも原因があるのでは？」と考えてしまうからです。

銀行に限りません。ステークホルダーとの良好な関係があるか、信用があるかで、対応はまったく変わってくるのです。銀行などの金融機関をはじめとしたステークホルダーとの良好な関係を維持するのも、社長の務めです。

銀行はリスクを取ってお金を貸します。

それなのに、お金が足りないときだけに「貸してくれ」と泣きついても、信頼関係がないと貸せないのは自明の理です。あなたが銀行の立場だったら、そうは思わないでしょうか。

お金を借りるには、信用を積み重ねていく必要があるのです。言い換えれば、信用貯金を貯めていくことで、初めてお金を借りられるわけです。

最初にわずかなお金を借りて、そのお金を誠意を持って返すと、「きちんと返してくれる」と信用が少し貯まり、どんどん貸付枠が広がっていきます。これは信用貯金がたまっている証拠なのです。


先ほど、銀行などは輸血バンクのようなものだと述べました。私は同時に、人間ドックのようなものだとも思っています。

銀行の内部では、企業に対しての格付けがあり、それが上がると貸付枠や金利も変わっていきます。その格付けは売上利益だけではなく、社長の考え方や素行などシビアに見てくれます。

銀行からの評価が上がるということは、社会からの評価が上がっていると見てもいいと私は考えています。

社長は金融機関をはじめとしたステークホルダーに、明確なビジョンを話せなければなりません。支援者は社長のビジョンに共感し、社長の誠実さに支援をするわけです。

一方、信用を失う行為とは、「嘘をつくこと」「お願いしたことをやってくれないこと」「相手を粗末に扱うこと」です。

これはどのビジネスシーンでも同じでしょう。

第17案件では、すでに不信感を抱かれているステークホルダーに対して、誠実な対応でかつ、信頼関係を取り戻す行動をどれだけ重要視しているかが大切です。

チェックポイント

- 銀行との信頼関係構築のために行動しているか
- 指摘されている内容の原因究明を実施しているか
- 在庫の件について貸借対照表を確認し、問題視しているか

第18案件

「商品部、全員退職します」

Eメール

差出人	株式会社 CTF 商品部 金子部長
題名	私事ですが
宛先	株式会社 CTF 副社長
CC	株式会社 CTF 代表取締役社長
送信日時	20XX 年 11 月 12 日　16:02

パフェシューの仕様書をケーキのたまに渡すことは
絶対納得いきません。
ケーキのたまからの圧力は理解できますが、
この商品は当社の生き残りをかけたものです。
CTF のオリジナルとして出すべきものです。

前回のたまショコラケーキも商品部のメンバーが血のにじむ思いで開発した商品です。それをケーキのたまが、鳶が油揚げをさらうかのように持って行った事実を覚えているでしょう。しかも、「完全自社開発」としてたまはマスコミに発表したのです。

開発メンバーも VISION7 とかで半数に減らされている中、みんな頑張ってくれています。

こう書いているうちに、はらわたが煮えくり返ってきました。
もしこの仕様書を渡すのであれば、私たち商品部メンバー全員一斉退職も辞さない覚悟です。

当社は何を目指しているのでしょうか？

あなたならどのような判断・行動をとりますか？

1	2	3
ケーキのたまに苦情を直接申し出、場合によっては訴訟を起こしてでも、商品部の名誉のために商品開発原案を取り戻す。	商品部のメンバーと直接話し合い、自分が思っているＣＴＦの将来を伝える。	ケーキのたまは親会社であり、大得意先であるので我慢するよう伝える。

あなたが選んだ選択肢は

みあの考え　1

えっ、ケーキのたまってそんなことをしていたの？　そりゃやる気がなくなるわね。

よし、これから証拠を持って乗り込もう。みんなのために！

甲斐のアドバイス

うわっ、青山さん、落ち着いて。ケーキのたまは超得意先だよ。それに、社長が気づかなければならない問題は、社員たちがこの先に不安を持っているということだよ。青山社長の思いを伝えてあげなければ。

【ビジョン力】退職は今が原因ではなく、将来がないことで起きる

社長のみならず、人を使う立場にある人なら誰もが悩むのが「人」の問題です。

とくに退職は、誰しも悩む問題の一つでしょう。

私も経営者になってから、人の問題で悩まなかった日はありません。優秀な社員から退職届が出されたときには、リーダーとしての自信をなくしたこともありました。

私の会社を去った退職者たちは、確かにいなくなりましたが、彼らは私にとても大きな教訓を残していきました。

退職届を出されると「どうして急に」と受け取る側は思います。しかし彼らは決して、急に退職を決めるわけではありません。

実は「ポイント制」だったのです。

退職のきっかけは些細なものです。でもそれが続き、重なることで、「退職ポイントカード」がいっぱいになり、そこで提出されるのが退職届なのです。

退職ポイントカードがいっぱいになる前に手を打たなければいけません。

しかし、万が一、退職ポイントカードがいっぱいになってしまっても、退職させない方法もあります。

それは「先を見せる」ことです。

どんなにつらいことがあっても、人間は先が見えていれば耐えて頑張ることができるものです。

しかし、先が見えないとすぐに折れてしまいます。

社員に先を見せることができるかどうかは、社長のビジョン力にかかっています。

「ビジョン」とは、簡単にいえば「どうなりたいか」ということです。裏付けも根拠も必要ありません。夢物語でいいのです。

ただし、必要なことがもう一つあります。

「それが社会に対してどのような意味を持つのか」ということです。

「どうなりたいか」「それが社会に対してどのような意味を持つのか」。この２つがあれば社員に届きます。

加えて「仮想敵」をつくると効果は高まります。

インバスケット研究所では「頑張りすぎ」を敵にしています。

これは、世の中の多くの人が頑張りすぎている現状をなくすことを意味します。

敵をつくると、パワーはそこに集中し、今まで困難だったことも乗り越えることができます。

ビジョンを実現するために「どうするか」。これが「方針」です。

ビジョンと方針をつくって浸透させるのが社長の仕事です。そして、ビジョンと方針を実現するのが社員の仕事なのです。

方針が行き渡らないと、部門丸ごと独立したり、一斉退職が発生したりします。実際に、会社のノウハウと顧客、そして従業員をそのまま持っていかれた社長の話はよく聞きます。このようなことは、社長のビジョンがないために起こります。先が見えていれば、社員はそれを目指し苦難を乗り越えることができますが、先が見えないと多少の波で転覆なんてことがあり得るのです。

チェックポイント

・事実関係を確認させ、背景を知ったうえで対応しているか
・社員が先を見失いかけていることから、自身のビジョンを伝えようとしているか

第 19 案件

「親会社からの要求」

E メール

差出人	株式会社 CTF 副社長
題名	【極秘】ケーキのたまからの要求
宛先	株式会社 CTF 代表取締役社長
CC	
送信日時	20XX 年 11 月 14 日　16:17

社長殿

着任前に申し訳ありません。
ケーキのたまの山代専務から、来月の資金繰りのために 2 億円の資金調達と、今まで現金決済だったのを来月から約束手形での決済にしてほしいと指示を受けました。

わたしとしては 2 億円の貸付金で折衝をすすめたいとおもいます。
方向性のご確認お願いします。

ほかの納品御者にも同様の依頼をしているようで、どうも洋菓子部門の不調と出店や改装の経費で資金繰りが苦しいようです。

あなたならどのような判断・行動をとりますか?

1	貸付金の方向で交渉させる。ケーキのたまの与信管理を行い、ケーキのたまへの依存率を下げる方向性を打ち出す。
2	両方断る。あまりにも身勝手な要求であり断固として飲めない。取引がなくなっても致し方ない。
3	ケーキのたまは大得意先であるので、できる限りの支援をするように指示する。ケーキのたまが拡大することで当社も安定した売り上げが確保できる

あなたが選んだ選択肢は

みあの考え 2

もう許さない。アイデアを奪った次はお金。ケーキのたまに乗り込んで抗議してやる。さあ、甲斐さん行くわよ。

甲斐のアドバイス

あちゃー。青山さん、興奮を抑えて。今ケーキのたまとの取引がなくなると経営が行き詰まるよ。それより、早くこの依存体制から脱却しなきゃ、抗議に行くのはその後だよ。

【源泉開拓力】絶え間ない川を多く引き込め

ある自動車部品の会社で研修をしたことがあります。

その会社のつくり出す部品は大手自動車メーカーの車に使われており、ほぼその会社の独占状態でした。

研修を請け負ったときも業績が好調でしたが、社長さんは「ぬるま湯状態」を危惧していました。

「黙っていても特定の取引先から継続受注がやってくる」という状態をリスクだと感じていたのです。

一方、別のシステム会社では、「うちは大手企業の専属下請けだから」と豪語している人がいました。自動車部品をつくる会社の社長さんに比べると、ずいぶん危機感の薄い言葉だと感じました。

一つの流れが大きくても、その流れがもし止まったら、自社は枯渇してしまうわけです。だからこそ、一つの大きな流れに依存するのではなく、新しい源泉を常に探し続けることが大切です。

もう一度、自動車部品をつくる会社の社長さんの言葉を借りれば、「ぬるま湯状態」の会社は、いきなり激しい競争の中に放り込まれると、生きていけません。「脱・大得意先依存」を考え、新しい川を引き込むことに、社長は尽力する必要があります。

また、川を引き込むだけではなく、その源泉が良質なものかどうかをチェックしなければなりません。

源泉はいつ枯れるかわからないからです。

社長は数字だけで企業を判断するのではなく、取引先に足を運び、数字で表れない企業の体温を確認して源泉が良質かどうかを確認しなければなりません。

たとえば、社員の数ややる気、ポスターの内容などを見れば、社内の状況がわかりますし、社長の顔色や発言を見ていると経営の状況がわかります。

取引先や親会社の経営が行き詰まることで売掛金が回収できなくなり、その影響で資金が足りなくなり倒産することを「連鎖倒産」といいます。

自社がきちんと経営していても、他社の影響で倒産するなんてことにならないように、社長はセーフティネットとして保険などで備える一方で、連鎖倒産に巻き込まれないように顧客やパートナーの与信管理と、大得意先に依存しない体制をつくることが求められるのです。

チェックポイント

- 親会社からの独立体制の必要性を感じているか
- 資金繰りの危険性を感じているか
- 親会社の経営状態の把握に努めているか

第 20 案件

「売れなかった生チョコ」

E メール

差出人	株式会社 CTF 製造部 豊島部長
題名	【抗議】ゴールド印生クリームチョコの件
宛先	株式会社 CTF 副社長
CC	株式会社 CTF 代表取締役社長
送信日時	20XX 年 11 月 10 日　13:37

表題の件ですが、7,000 万円分の在庫がのこっております。

冷蔵倉庫での管理は月々経費がかさんでおり、このままでは本業の洋菓子のラインにも影響が出ます。

この商品は主力取引先の大坪国際ホテルでの販売も先月で打ち切られて、商品部と営業部が対策を検討するも一向に在庫の処分方法が見つかりません。

だから、申し上げたように、試験販売をするべきだったのです。


高級チョコというコンセプトですので安売りもできません。

処分するにも、今期の利益が不足している状況ですので、来期に持ち越すように経理と調整しております。

あなたならどのような判断・行動をとりますか？

1	不良在庫は期限を決めて処分させる。安売りもやむを得ない。資料からも異常な在庫高なので内容を報告させる。
2	ブランドが傷つくと長期的な損失になるので安売りはさせない。利益も確保しなければならないので、徐々に処分し、会社の決算に影響させないように指示。
3	ほかの案件のマキシムチョコを使っている商品に、このチョコを混ぜて利益を確保しつつ、在庫をなくすアイデアを提案する。

あなたが選んだ選択肢は

みあの考え 2

あらら、これはV7計画の一つの新規事業ね。なんだかうまくいっていないみたいね……。生チョコだからおそらく賞味期限は短いわね。処分すると損失が出て、決算が悪化する……ああ、どうしよう。誰よ！　こんなチョコを作ったの！

甲斐のアドバイス

青山さん。不良在庫は放置しておいても一向によくなることはないよ。それよりも早く処分して在庫を少しでもお金に変える方法を考えないと、財務状況が悪化するばかりだよ。

【財務思考】いかに儲けるかより、いかに回転させるか

社長の鉄則は「死に金」をつくらないことです。

1万円札は、誰が持っていてもその価値は1万円です。ただ、その1万円を使ってどのような価値をつくり出すかは社長次第です。

1万円札を金庫に入れておく社長もいるでしょうし、その1万円を投資して、さらにお

金を増やそうとする社長もいます。

そのお金を活かすか、殺すか。まさに社長次第です。

「死に金」とは、会社の財務を例に挙げると売り上げや借り入れたお金を、手形や未収金、そして在庫などで固定化したものです。

人間は、体のどこかで血液が詰まると生死の問題になります。会社も同じです。お金の流れがどこかで詰まると、たとえ利益が出ていても、倒産の危機に瀕します。

これが「キャッシュフロー」というお金の流れです。

キャッシュフローを回し続けるには、お金の「回転率」を上げなければなりません。「デッドストック」と呼ばれる「回転しない在庫」を減らしたり、売掛金の回収期間を早めたりするなどの対策が必要になってきます。

私がスーパーで売場の責任者をしていた頃、ある役員が巡回に来て、こんなことを言いました。

「なぜ品切れや品薄が多いのか。チャンスロスが発生するだろう」

数日後、別の役員が来て、今度はこう言いました。

「なぜこんなに在庫を持っているんだ。もっと在庫を減らせ」

禅問答のような話です。これは見方が違うから起きる問題で、前者は「損益思考」、後者は「財務思考」と位置づけることができます。

損益思考の感覚で見ると、売れれば利益が上がりますから、在庫を持って機会ロスをなくしたがります。


一方、財務思考では、少ない在庫でいかに回転させるかを考えます。

動いていない在庫は何も生み出しません。それどころか、資金を借りているならば金利が発生し、在庫の質も悪くなります。財務思考はここを見ているのです。


黒字倒産という言葉を聞いたことがあるでしょう。いかに利益を出していても、過剰な設備投資や在庫を抱えることで、お金が回らなくなり、倒産することもあるのです。

在庫は「罪庫」とも呼ばれ、あれば管理にも力を必要としますし、管理するにも経費が掛かります。体に例えると内臓脂肪のようなものです。

在庫を適正に管理することが社長には求められるのです。

また、不動産や設備も資産です。これも「死に金」につながっている可能性があります。

工場でラインを増設したとしても、稼働していないラインがあればそれは死に金となっていますし、使わない施設なども死に金として、お金の循環を悪くしています。

利益を追求するだけではなく、お金の流れやバランスにも気を配らないと、「勘定合って銭足らず」のような状況に陥ってしまいます。

チェックポイント

- 不良在庫に対する適正な処理を指示しているか
- 不良在庫が出ている原因を追究しているか
- 在庫に対する社員の意識を変えようとしているか

あなたの「社長スタイル」がわかるチェックリスト

このチェックリストは、あなたが第1案件～第20案件で選んだ選択肢をもとに、あなたの「経営スタイル」や「陥りがちな失敗」のパターンをあぶり出すものです。

ただしこれは、あくまで簡易的な分析です。また、社長の下す判断に絶対的な正解はありません。「自身の経営スタイルをざっくりとつかむ」くらいに考えてください。

◎チェックシートの使い方

1　案件ごとに示された選択肢の中で、最もいいと思うものを選んでください。
2　選んだ選択肢のアルファベットのマスを塗りつぶしてください。
3　第20案件まで、これを繰り返します。
4　縦軸で見て、塗りつぶしたものが多い項目が「あなたの経営スタイル」です。
※　いちばん多く塗りつぶしたアルファベットが「A（バランス型）」であっても、そのほかの項目に多く該当するものがあれば、十分に気を付けなければならない部分です。

あなたの「社長スタイル」がわかるチェックリスト

	A バランス	B 資金繰り	C クーデター	D 売り上げ減少	E 人材不足	F 拡大しすぎ	G 管理不足	H 信用悪化
第１案件	2			1		3		
第２案件	1	3		2				
第３案件	1	2				3		
第４案件	3				1			2
第５案件	2				1		3	
第６案件	1					3		2
第７案件	3			2	1			
第８案件	2	1						3
第９案件	3				1		2	
第10案件	2	1			3			
第11案件	3		2		1			
第12案件	1		3	2				
第13案件	1		3					2
第14案件	1		2		3			
第15案件	1	3						2
第16案件	1						3	2
第17案件	3	2						1
第18案件	2		3					1
第19案件	1			3				2
第20案件	1	2						3
合計個数								

社長テスト　結果

A　バランス型

「あなたについていきます！」

バランスのよい経営感覚の持ち主で、原理原則も守られています。顧客志向を持ちつつ、キャッシュフローなどの財務思考も有しており、将来のために人材育成や設備投資などの視点もあります。

ただ、ほかの項目にチェックがある場合は、その部分に隠れたリスクが潜んでいる可能性もあります。慎重に振り返ってみてください。

また、すべての案件で「A」が塗りつぶされている場合でも、決して「社長力満点」というわけではありません。名社長になるには、まだまだ勉強と実践が必要です。

Ｂ　資金繰りに行き詰まるかも……

「社長、今月決済の資金が足りません」

営業や利益思考、顧客志向があるにしても、財務的な思考が足りないようです。

そのために会社が急成長しても突然資金に行き詰まり、経営破たんする可能性をはらんでいます。

とくに先を見すぎた設備投資、資金回収に加え、不良在庫などで死に金を多くつくっている可能性があります。

利益を出せていても、キャッシュフローが回らなくなると会社は行き詰まります。資金計画をしっかりとつくるか、財務に強い側近をつけましょう。

Ｂタイプ実例：てるみくらぶ

格安の海外ツアーで急成長した旅行会社。

航空機小型化による空席率が下がったことから経営が悪化。シニア向けに方向転換し広告を投下したが、これにより資金繰りが悪化した。

そのうちに自転車操業になり、ある日突然、資金ショートし、倒産した。
多くの海外旅行予約者に影響を与え、社会問題になった。

C　突然クーデターパターン

「社長解任に賛成する諸君は挙手してください」

いい意味では強いリーダーシップと判断力がありますが、一方で組織の結束力が弱く、独断専行パターンについていけない部下が反乱を起こすリスクがあります。

社長といえども、幹部などの合意形成がとれないと「暴走」と受け取られることがあります。

いかに正しいことでも、相手は感情のある人間です。社員は「仕事のできる社長」についていくのではなく、「尊敬する社長」についていきます。

耳の痛い提案であっても、軽んじるような対応をするのではなく真摯に耳を傾けることも大事です。幹部や社員はたとえ自分の思うようにならなくても、意見を聞いてくれる場があることで満足するのです。

また、明確なビジョンも積極的に発信しましょう。

Ｃタイプ実例：セーラー万年筆
赤字が続き２０１５年12月の取締役会で社長が更迭された。取締役５人のうち４人が社長解任に賛成した。

Ｄ　売り上げ減少パターン「お客さまが激減しています」

外部環境の変化についていけず、市場が縮小し、いわゆるレッドオーシャンに取り残され、その結果競争激化で体力を消耗し淘汰されるリスクがあります。それは従来主義や保護的な考えが社内に蔓延し、挑戦をしなくなっている風土に問題があるかもしれません。

社長自身が挑戦を続け、時代の流れを的確につかむ必要があります。

戦略思考も持ちましょう。

今だけではなく、この先にも競争相手より優位的な立場でい続けるためにはどうするかを考える習慣をつけてください。

加えて、大得意先に依存するのではなく、新しい収益の源泉を常に追い続けてください。

Dタイプ実例：ジュエリー三貴ジュエリーマキのブランドの宝飾店小売り業者。3度も経営破たんをしているが、抜け出せなかったのは過去のやり方を捨てることができなかったからだといわれている。

E　人手不足倒産パターン「退職させてください」

従業員のモチベーションが下がって、退職率が高まってきます。その結果既存従業員が激務になり、さらに退職率が加速してきます。

そのためブラック企業のイメージが定着し、採用も困難になってきます。

戦略や資金計画が上手でも、現場で働いてくれる人がいないと事業は継続できません。

Eタイプによる倒産は、もともと人の問題がなかった会社でも起きる可能性をはらんでいます。

労働人口が激減しているからです。

従業員の働きがいをもう一度見直すとともに、社長のビジョンを従業員に共有し、企業ブランドを再構築すること必要です。

また、忙しいからこそ従業員の教育などへの投資を増やすべきです。教育は効率を上げる効果があるとともに、従業員のモチベーションも高めます。

Ｅタイプ実例：岡野工業
「痛くない注射針」を開発した企業。一躍中小企業の星になったが、後継者がおらず廃業になった。

Ｆ　手を広げすぎて滅びるパターン

「社長、全部門、資金や人が不足しています」

新しい挑戦や先を見据えることは大事ですが、一方で選択と集中も必要です。

Ｆタイプは経営資源が分散し、すべてが中途半端に終わるパターンです。

新規事業に挑戦する際には綿密なリサーチと計画をつくり、撤退する基準もあわせてつくりましょう。

「挑戦→選択→集中」というサイクルをつくり、とくに「やめる」判断も積極的に行ってください。

> Fタイプ実例：ダイエー
> 総合スーパー事業のほかにホテル・大学・プロ野球など多角化を進めたが、バブル崩壊をきっかけに業績が悪化した。

G 管理不足倒産

「大変です。3億円の横領が発覚しました」

社員に仕事を任せることは評価できますが、任せる慣れから丸投げになり、その結果、不正や横領などの事件が発生するリスクがあります。

社会的な信用を失うだけではなく、多額の賠償や損失が出て倒産に追い込まれるケースもあります。

管理体制が甘く業務が属人的なことや、チェック体制がないことなどが原因で、不正ができる社内環境や風土が醸成されてしまっているのです。

「その人にしかできない仕事」をなくし、お互いがいい意味で管理しやすい組織をつくりましょう。

仕事のチェックリストを職場に根付かせるとよいでしょう。

> Gタイプ実例：大和銀行
> １９９５年、ニューヨーク支店で不正が発覚し、アメリカからの完全撤退を余儀なくされた。

H　信用悪化パターン
「銀行が資金を引き揚げると言っています」

会社はさまざまな支援者がいて初めて事業が継続できます。

とくに業績が好調なときは、その感謝の気持ちが薄くなりがちです。

トラブルや不祥事が起きたときに、どれだけ協力してもらえるかは社長自身の信用貯金の多さにかかっています。

日頃の信頼構築や根回しを怠らないことです。誠実な対応を大事にし、嘘や虚栄は張らないことを意識してください。

Hタイプ実例：アーバンコーポレーション

東証一部上場の不動産開発業者だが反社会勢力との関わりが表面的に出て以降、信用が低下。事業継続ができなくなった。

エピローグ

みあの決断は……？

みあは研修を終え、10時間近くのフライトで羽田空港に到着した。

賑やかな国際線ターミナル。みあは硬い表情でスーツケースを引っ張る。

（会社、大丈夫かな……）

研修中、何度か会社に電話をしたが、副社長の返事はいつも同じだった。

「万事、順調でございます」

みあはその対応に、にわかに不信感を覚えていた。


到着ゲートを出ると真正面に、生真面目そうな初老のスーツ姿の男性が、「青山みあ様」

というプレートを持って待っていた。

「おかえりなさいませ。お迎えに上がりました。副社長の那須野でございます」

「あ、青山みあです」

「さあ、お疲れになったでしょう。お車を回しております。あ、荷物は私が」

みあは荷物を渡さず、那須野に言った。

「荷物は自分で持ちます。それより会社はどうなりましたか？」

「はい、万事順調でございます」


みあは黒塗りの車に乗り込んだ。

すぐに首都高速に入り、湾岸線を走る。

「順調とおっしゃいましたが、例の原料偽装の件は？」

「ははは、これは参りましたな。『原料偽装』だなんて。あれは些細なミスでございます」

「ミス……？　どういうこと？」

「現場担当者の勘違いで、生クリームとホイップを間違えまして」

みあは嫌悪感を露わにし、副社長に言葉を返す。

「おかしいですね。那須野さん、私知っているんです。工場の従業員の方はそんな間違いをするような、レベルの低い方じゃないですよ」

那須野は顔色を変えずに答える。

「いえ、現場のミスです。徹底した調査の結果がこちらです」

那須野は鞄から報告書を出し、みあに渡した。

報告書には調査結果が書かれており、従業員が勘違いでミスをしたと記されている。その従業員の名前の欄には直筆で「森本敏江」と書かれていた。

「森本さん……？　那須野さん。この調査結果は信じられません。だって私は、彼女の口から、原料の差し替えは工場長の指示でやったと聞いているんですよ」

那須野は笑った。

「ほっほ。社長もお人がいい。これは社内の信頼できるメンバーが調べた結果です。それはそのパートがミスを隠そうと言ったのでは？」

「わかりました。私が会社に行って直接聞きます。あと、倉庫を見せてください」

那須野の顔が曇る。無言になった。

「決算書を確認しました。数年前から在庫が膨らんでいますよね」

「あ、ごほ、そ、それは新規事業などの在庫でして」

「私、実は倉庫にも入ったことがあるんですよ。在庫なんてないんじゃないですか。架空の在庫を膨らませて利益が出ているように見せかけたように見えます。それに売り上げもおかしいですね。確かに売り上げは上がっていますが、それに比例して売掛金が上がっています。もしかして、売り上げも架空……？」

那須野は目をつぶった。

「社長、その偽装や粉飾決算が真実だったとしたら、どうなさるおつもりですか」

「もちろん公表します」

那須野は真剣な表情で訴えた。

「せめて3か月待ってください。今公表すると、この会社は倒産します。あなただって知っているでしょう。これからクリスマス、正月、バレンタインが控えていることを。こんなときに、そんなこと公表すると……」

みあは淡々と答えた。

「公表を延ばせば延ばすほど、世間の審判は厳しくなります。待つのは無理です」

副社長は頭を下げて懇願した。

「お願いします、社長。私はあと3か月で退任なのです。30年勤めてきて、最後を汚名で終わるわけにはいかないのです。来月には娘の結婚式も控えているんです」

みあは頭を下げ続けて嗚咽を漏らす那須野を見ながら、諭すように言った。

「結婚式の件はお気の毒だと思います。でも那須野さん、これはツケを溜めてきた結果なのです……」

那須野は急に頭を上げた。

「止めろ」

ドライバーは車を急停車させた。

「あんたみたいな小娘の小言なんて聞きたくない。私は辞任する」

先ほどの冷静な顔つきが嘘のように、般若のような恐ろしい顔でみあに怒鳴った。そしてそのまま、車を降りた。

みあは会社に着くと、まず工場に入った。

と同時に、ロッカー室から森本が出てきた。大勢の従業員が取り囲んでいる。涙を流している従業員もいる。

「森本さん」

みあは声を掛けた。

森本は一瞬たじろいだが、すぐに誰だか思い出したようだ。

「あ、あのときの……」

そのとき、工場の入り口から数人の幹部が慌てた様子でバタバタと走ってきた。

「青山社長！」

森本は幹部が呼ぶ声を聞いて、何が起こったかわからない戸惑いの表情を見せた。

「『社長』って……まさか」

「はい、私がこの会社の社長の青山です」

森本は持っていた花束を落とした。

みあはそれを拾い、森本に渡しながら言った。

「不正の件、ごめんなさい。おそらく無理に書かされたのでしょう」

森本は大粒の涙を流し始めた。

別の男性従業員がみあに訴える。

「あの、社長さん、森本さんを助けてください。本当は私があそこにサインをしろと言われたんです。でも私、ここ辞めても働くところがなくて。それに子どもが来年、小学校に上がるのです」

男性従業員も泣きながら崩れ落ちた。森本は男性と一緒にうずくまって泣いた。

後ろから製造部長の豊島がとりなす。

「まあ、まあ。社長、この件は会議室で。これは単純なミスですので」

みあは製造部長を睨みつけた。

「単純なミスですって？　これは会社ぐるみの偽装でしょう」

「か、会社ぐるみって……」

豊島の顔色が変わった。

「私は絶対に許さない」

みあは豊島をキッと睨むと、うずくまる2人と同じ高さの視線に立ち、言った。

「森本さん、あなたは決して悪くない。だから大丈夫。安心して」

森本は体を震わせて、声にならない声で何かを訴えようとする。

「私……私……」

硬直する森本の横から、男性従業員が声を掛けた。

「もう辞めなくていいんだよう。社長さんが助けてくれたんだよう」

周りの従業員も、一気に緊張が解けたようだ。笑う者もいれば、泣く者もいた。

会議室。みあは全幹部に言った。

「私はこの会社の製品を店頭でずっと売ってきました。でも気づかなかったことがたくさんあります。ただのイチゴショートのようだけど、現場ではイチゴの置き方にまであんなにも気を配っている。素晴らしい会社です」

幹部の多くは新社長というより、単に女性社員の発表を聞いている感覚だった。

「私はこの会社の現場に一度だけ行ったことがあります。現場の方は少しでもいいものを、そしておいしいものをつくろうと頑張っています。そのときに確信しました。悪いのは現場ではなく、経営なんだって」

みあは息を吸い込み、宣言した。

「だから私は、社長として、頑張っている従業員のために、そしておいしい製品を待ってくれているお客様のために、この会社を復活させます」

神妙に聞いていた幹部の中から、笑い声が出た。営業部長も嘲笑している。

「ふっふっ。そんなに甘くないよ、新社長。原料偽装だけではなく、不正会計なんて世に出て見な。あっという間に会社は倒産だ。そうすれば当然、責任は新社長にも降りかかるよ。それも覚悟しているのですか」

総務部長の今井も、みあをたしなめようとする。

「そ、その通りですよ。私も営業部長と同意見です。いくら正論でも、会社が潰れれば意味がありません。金融機関は血相を変えて押し寄せることでしょう」

製造部長の豊島も、身を乗り出して言った。

「わ、私は悪くありませんよ。原料を変えてはどうだとは言いましたが……だって、企画からは原料ダウンを要求され、営業部からは原料切り替えを却下され……悪いのは私じゃない。嫌だ！」

みあは腕組みをしながら言った。

「犯したことに対して償いをするのは当然です。それをしないと復活どころか、社会から排除されることになるんですよ。感覚がおかしいのはみなさんです」

黙って聞いていた経営企画部長と商品部長は、お互いを見合いながら同時に手を挙げた。

「私たちは青山社長についていきます。どうせこのままでも、経営に行き詰まるのは時間の問題です。会社を改革しなければなりません」

総務部長は顔をぶるぶると横に振る。

「それはいかがなものかと思いますが……親会社がカンカンになり、副社長のお立場も……」

みあは言い切った。

「その点なら大丈夫よ。副社長には先ほど辞任していただくことにしたから」

営業部長の大平は大笑いした。

「ははは、それなら話は早い。よし私も乗った。ケーキのたまにぎゃふんと言わせよう。今から取引先に公表の連絡入れます」


翌日、会社中の電話が一斉に鳴り響いた。

工場の正門には、数社のマスコミ関係者が取材をしている。

原因は、昨日夜に出したプレスリリースだ。

そのプレスリリースには。原料不正と粉飾決算の事実が書かれていた。

みあは朝から銀行や大株主にお詫び行脚をし、午後2時からの記者会見に向かった。

会見を控え、総務部長はみあに原稿を渡した。

「社長、よろしいですね。何を聞かれても『原因は調査中』で貫き通してください。こういうのは喉元過ぎれば熱さを忘れますから。しばらくしてほとぼりが冷めた頃に原因を発表すればいいです」

みあは黙って原稿を見続けた。原稿を持つ手の震えを抑えるのが精一杯だった。

「では時間ですのでお願いします」

会場には30人以上のマスコミ関係者が集まっている。テレビカメラも3台ほど回っている。

みあはまず、幹部たちとともに深々と頭を下げた。

そしてみあは、原稿を読むことなく、「自分の言葉」で2つの不正を公表した。

マスコミ関係者は色めき立った。

「それは消費者だけではなく、社会を欺き続けたということですか？」

「会社を清算するしかないと思いますが、社長はどう考えていますか？」

矢継ぎ早に来る質問に、みあは知り得る範囲のことを誠実に答えた。

しかし、マスコミからの攻撃は止まらない。

みあは涙ながらに謝り続けた。

「みなさんを裏切って申し訳ありませんでした」

総務部長は会見を終え、ボロ雑巾のようになったみあに声を掛ける。

「どうして私のシナリオ通りに会見なさらなかったのですか。そうすれば、こんな目に遭わなかったのに……」

みあはうつろな表情で答えた。

「これが社長の仕事ですから」


会見の翌日、会社はさらに混乱していた。

みあのもとには次から次へと報告が入る。

取引先７割から納品ストップ、中には取引中止を突きつける会社もあった。

金融機関からはつなぎ融資どころか、今貸し付けている融資の返済をも示唆された。

みあは今後の展望を熱く語ったが、銀行担当者の反応は冷ややかだった。


親会社であるケーキのたまからも呼び出しを受け、みあは洋菓子事業部長の白石と鮫島の前で頭を下げた。

「頭を下げたところで……おたくがやったことで受けた当社の損失は計り知れない。当然、賠償ということになるから覚悟はしておくんだな」

白石はほくそ笑みながらみあに言った。

みあは頭を下げ続けた。

「申し訳ありません。何とぞご支援をお願いします」

同行した商品部長の金子はみあに言った。

「いい気なもんですね。散々私たちから甘い汁を吸っておいて、手のひらを返すように次は賠償ですか」

「金子さん。ピンチのときこそ、相手の本当の姿が見えるものよ。これも今まで依存してきたツケよ。でも、これからは私たちがもっといいものをつくって見返すのよ」

みあの気迫の入った声に金子は表情を変えた。

「はい、任せておいてください」


会見から3日後、とうとうキャッシュが回らなくなってきた。

「どうしますか？　このままでは従業員の給料が払えませんよ」

総務部長が悲壮な声で訴える。

「業者からは前金で支払わないと納品できないと言われています」

購買部担当者も訴える。

みあは下唇をかみ締めたが、感情を押し殺し、笑いながらみんなを励ました。

「大丈夫。ベストを尽くしましょう」

そう言ってみあは、みんなに隠れて深いため息をついた。

(今社長としてできるのは、ダメだというときだからこそ、みんなに希望を見せることだけかな)


みあは全従業員を集め頭を下げた。

「申し訳ありません。今月の給料が全額お支払いできません。でも必ずお支払いしますので、どうか協力してもらえませんか」


会場はざわついた。

「クレジットの引き落としがあるんだけど……」

「私も子どもの塾だとか……どうしよう」

みあはマイクを置いてお願いした。

「みなさんにも事情があるのは承知しています。来月には延滞した分を必ずお支払いしますので、今月は必要な分だけを申請していただき、お支払いしたいと思います」

従業員はそれを聞いて、安心したようだった。

そして後ろのほうから「大丈夫だ。社長頑張れ」という声が上がった。それに呼応して、励ましの声が次々に上がった。

みあが社長室に戻ると、机の上のスマートフォンが震えて音を立てていた。

電話の主は甲斐だった。みあが電話に出た瞬間、甲斐は興奮して言う。

「おい、青山さんの会見がＳＮＳですごいことになっているよ！」

みあはスマートフォンをチェックする。ＳＮＳでは「不正会見の女社長、実は着任２日目だった」という書き込みが拡散されている。

その書き込みは一気に広まり、テレビでも取り上げられた。

ある人気コメンテーターはみあの対応を絶賛していた。

「彼女はこの不正に一切関わっていないどころか、不正を暴いて、自ら犠牲となっている。記者たちの心ない質問や罵声もすべて受け止めている。私は彼女の会社の製品をぜひ買いたい」

同席している女性タレント数人も頷きながら聞いている。

「これは……」

みあの目から涙がこぼれた。

経営企画部長からも電話が来た。

「マキシムチョコから経営支援の打診がありました！」

営業部長からも続いて報告が入る。

「新東京ホテルから商品の納品依頼がありました。取引を打ち切ったほかの取引先からも続々と再開の打診が入っています」

総務部長も鼻息荒く報告する。

「直営店にマスコミの取材が来ています。商品の紹介をしたいと」

スマートフォンには、甲斐からのメッセージも届いた。

「またミラクルを起こしたね」

納品業者が数社支援を申し出て、銀行の理解も得ることに成功した。こうしてＣＴＦは危機を脱した。

出荷ベースも、１か月後には前年の水準をクリアすることができ、延滞した従業員の給料も支払うことが出来た。

さらに３週間後、ある新商品が発売された。

シュープリン――これは昔この会社の定番商品だったが、手間がかかるということで販売中止になったものだが、森本たち現場の要望で販売を再開した。

シュープリンは直営店舗に出すと同時に「機械ではつくれない味」と評判になり、完売。

それもネットで拡散されて、一気に全国から注文が押し寄せた。

会見から3か月後が経ったある日のこと。

「社長、お客さまです」

そう言って通されたのは、ケーキのたまの洋菓子部門の責任者・白石と鮫島だった。

（損害賠償の件ね）。みあは構えながら2人を社長室で待った。すると白石と鮫島が部屋に入り、突然、みあに土下座した。

「ど、どうしたんですか」

「あなたの会社のシュープリンを当社にも納品していただきたい」

「えっ……だってあれは……」

鮫島が頭を床に擦り付けながら言った。

「あの商品がないと……決算ができないのです」

営業部長の大平は、2人の頭の上から言った。

「あんたたち、何勝手なことを言ってやがるんだ」

みあは大平を押さえながらしゃがんで言う。

「御社に納品は無理です」

「そんな……」

途方に暮れる鮫島を、白石はゆっくりと立ち上がりながら起こした。

「もういい、鮫島帰るぞ」

２人が社長室を出ようとすると、みあは言った。

「決算ができないという理由で商品を納品することはできませんが、お客さまにおいしいケーキを売りたいという理由であれば納品させていただきます」

白石と鮫島はみあの言葉に固まった。

鮫島は言った。

「もちろん、多少高くてもいいですから、お願いします」

「原価も変えず納品いたしますが、一つ条件があります」

みあの提示した条件とは、「ケーキのたまの全社員が、ＣＴＦの工場で製造の応援をする」というものだった。

ケーキのたまの従業員が、ケーキをつくりに続々と工場に現れた。

「えっと、このパテはこう持ってください」

パートの女性が、10人ほどのケーキのたま社員を前に見本を見せる。

「きゃあーーっ、なんか出てきた」

そう言って強力粉まみれになったのは柴田奈々だった。

「あんたはいつになっても変わらんのう」

金田店長が笑う。

みあはケーキのたま本社で社長の大蔵に呼ばれていた。

「なかなかやるな、ケーキのたまの従業員に製造現場で勉強させるとは」

社長の大蔵は言った。

「はい。きっとこれで、みんな商品に愛情を持ってくれるし、つくる側と売る側のパイプが強固になれば、もっとお客さまに喜ばれる商品をつくることができるでしょう」

「それはそうと……」

大蔵はすごい眼力でみあを見る。

「私がお願いしたことを覚えていたかな」

「ええ、もちろんです。株式上場ですよね。あと後継者選びも」

「そうだ。しかし君は、逆に上場のチャンスを潰したな。その結果、当社が窮地に立っている」

「大蔵社長、私は株式上場をあきらめていません。ですからもう少し時間をいただけませんか」

「それはできんな。君は合格したからだ」

みあは大蔵の目を見ながら言った。

「え、何にですか」

「社長テストに合格だ。次は当社、つまりケーキのたまの経営再建を手伝ってほしい」

みあは驚きながらも、表情に曇りを見せた。

「ＣＴＦはもう、君がいなくても大丈夫だ。それに後任はもう決めている」

「誰ですか？」

「甲斐君だ」


みあは社長室で私物を段ボールに詰めていた。

「半年でもこんなに荷物が溜まるのね」

商品部長の金子は笑いながら言った。

「この半年いろいろありましたからね。でも社長には感謝しています。これからもいい商品をつくり続けます」

「ええ。お願いしますね。あと、集団でやめるなんてもう言わないように」

「あ、あのときは……あはは、参ったな」

金子は頭をかいた。

「社長、お車が来ました」

総務部長が声を掛けた。

タクシーが停まっている正面玄関には、60人ほどの従業員が待っていた。

花束を持ってきたのは森本だった。

「社長……本当に辞められるのですか。私、社長と一緒にもっと仕事がしたいです」

また大粒の涙を流しだした。それと同時に数人の従業員も号泣した。

「ありがとう。でもみなさんがつくってくれた商品を見るたびに、みなさんを思い出します」

森本はぐすんぐすんと泣きながら、花束をみあに渡した。

「社長、これ、車の中で召し上がってください」

「あら、何かしら」

みあも涙ぐみながら、箱を開けた。

中には、イチゴで縁取りされた生クリームケーキがあり、真ん中に「みあ社長ありがとうございました」と書かれていた。

みあは今まで我慢していた感情がどっとあふれ出し、大粒の涙を流しながら、慌ててタクシーに乗り込んだ。

「みんな……ありがとう……」

タクシーはゆっくりと門を右手に曲がり、幹線道路へと向かった。

工場の門にはまだ、見送る人たちがいる。手を千切れんばかりに振っている姿が、徐々に小さくなっていく。

みあはケーキの入った箱を開け、プラスチックのフォークでケーキを食べた。

甘いはずのケーキが、今日は少し、しょっぱかった。

おわり

第 3 章

社長テストに合格したあなたへ

1 「選択」と「集中」

社長とは「捨てる」判断を下す人

社長の模擬体験はいかがでしたでしょうか。

思ったように判断ができず、悔しいと感じている人もいれば、「ひょっとしたら自分は社長の資質があるのではないか」と手応えを感じられた人もいるかもしれませんね。

ただ、第2章のストーリーは、ここで終わりではありません。

社長業とは、短時間の荒波をどうすり抜けるかという観点よりも、これからいかに安定して事業を継続させるかという長期的な視点のほうが大事なのです。

もう一度、青山みあに戻ってください。あなたなら今後のCTFについて、どのような方向性を立てるでしょうか。

Ａ　洋菓子の事業を継続しつつ、和菓子事業やほかの利益が出ている事業に注力する
Ｂ　ケーキのたまとの取引を継続しつつ、新規取引先を開拓していく
Ｃ　人員採用と社内コンプライアンスの徹底、および当事者意識を持つ風土改革を進める

実は３つとも、課題がある選択肢です。

なぜならば「取捨選択」ができていないからです。

社長がどのように会社を経営するかは、社長の価値観やビジョンなどによりますが、共通してやらなければならないのは「選択と集中」です。優先順位を立てなければなりません。

何に力を入れて、どこの力を抜くのか。あるいは捨てるのか。優先順位をを決めるのは、社長のみならず、ビジネスパーソンとして大事なことです。

プレイングマネジャーとして、自身の仕事を抱えつつマネジメントをしている人がいるとしたら、すべてに均等に力を入れるのではなく、順番をつけるべきです。そうしないと、限られた時間の中ではすべてが中途半端になり、結果、何もできなかったということになりかねないからです。

社長の仕事を突き詰めれば、「何をやめて、何に集中するか」を決める仕事だといえま

す。

単純なように見えますが、この「やめる」という判断は、ありとあらゆる判断の中でいちばん難しいことです。

エグゼグティブという言葉の語源は「執行する人」と。それは言い換えれば、「捨てる」判断を下す人ということです。

会社も自分自身も、何かを捨て続けないと、何かに集中できないようにつくられています。

経営を実践し続けるには「集中と選択」を日常生活でも意識することが大切なのです。

今まで大事にしていた武器を捨てる時期は今なのかもしれません。

2 「模擬経営」をやってみよう

経営の勉強は「会社員時代」から始められる

社長になったことを恐ろしく感じるときがあります。「自分の思ったことが現実化する」。つまり、社長としてやるべきことをやったとき、達成感とともに恐怖を感じるのです。

「自分の思ったことが現実化する」とは、つまり「自分が決めたことを社員が実行してくれた」ということ。そんなとき私は、「本当にこれで合っているのだろうか」と、怖くなるのです。

こう書くと「そんな責任はとても負えないので、やっぱり社長なんてやりたくない」という声が聞こえてきそうですが、ちょっと待ってください。

確かに社長には、重い責任があります。数百人の命を預かって空を飛んでいる航空機のパイロットのようなものかもしれません。

でもパイロットは、乗客を素晴らしい場所へ連れて行ってくれる唯一の人間です。パイロットなしでは、私たちは飛行機に乗って海外旅行をすることはできません。

それだけのやりがいが、社長にはあります。

ただ、経験もなしのパイロットが飛行機の操縦をしないように、経験なくいきなり社長になるのは危険です。経営の練習はしなければなりません。

練習としてお勧めなのは「模擬経営」です。

まだ経営をしたことがないならば、自分の部署を一つの会社と考えて経営してみてください。

まずは簡単でいいので、損益計算書や貸借対照表をつくり、経営方針を固めます。

直接部門であれば、売上から経費を引いて利益を計算します。かなり簡素ではありますが、それが会社の利益となります。

財務については「架空に銀行から借り入れをしている」という想定で、適正在庫高をつくり、それをオーバーすると金利がとられると考えてもいいでしょう。

何かトラブルが起きたとき、今まで上司にお伺いを立てていたのなら、明日からはやめましょう。社長はあなたです。あなたが決めればいいのです。

上司は「お金を貸してくれている銀行」だと考えましょう。すると報告・連絡・相談も上手になります。

私自身、ダイエーである売り場を担当していた頃は、自分の売り場を「自分が経営しているお店」と考え、上司の店長を「商店街の会長」と考えていました。

経営思考は、勉強や研修では身につきません。

実際にやってみるのが、身につけるいちばんの近道です。

模擬経営は、失敗しても取り返しがつきます。

そこでいろいろな失敗を経験して蓄積し、本当に経営するときには、同じ失敗をしないようにしましょう。

3 「社長」という仕事

自分の「個性」を存分に発揮していい

とうとう、本書も終わりが近づいてきました。

本書を読み終えようとしているあなたは、「ああ、社長の仕事はこんなものか」と感想を抱いているのではないでしょうか。

私自身の経営者像だけをあなたに押し付けないためにも、多くの経営者や社長から、「社長」という仕事についてヒアリングを重ねてきました。

でも誰一人、同じ答えが出てくることはありませんでした。

「経営は苦しい」と答える社長もいれば、「経営はゲームのようなもの」と答える社長もいます。

社長という仕事をどうとらえるかは、人それぞれのようです。

ただ、共通した部分を探ると、一つだけ見えてきました。

それは「自分」を持っているということです。

誰一人、用意された原稿を読んだり、誰かを気にしながら話したりする人はいませんでした。

自分の口で自分の考えをはっきり述べているのです。

「哲学」という言葉が適切かどうかはわかりません。

しかしみなさん、しっかりとした「信念」を持っています。

おそらく、社長という仕事が、心から誰かに頼ることのできない仕事であるがゆえに、自分自身が持っている「信念」がよりどころになっているのでしょう。

だから社長は、社員から見ると頑固に見えるほど、しっかりとした自分の軸を持っているのです。


ここであなたに質問です。

「あなたはなぜ、今の仕事をしているのでしょうか」

社長はすぐに答えることができます。

それが「社長の仕事」だからです。

ここに、私が「社長」という仕事を勧めたい理由があります。

「今の仕事をこのまま続けていていいのかな」と疑問を持ったとします。それはあなたの個性がそうさせているのであり、その個性を殺し続けてまで、ずるずると今の仕事をし続けるのはもったいないと言うほかありません。

個性が組織の中で問題視されるのであれば、その個性を使って自分の信念を大事にするべきではないでしょうか。

多くの社長に「変わっていますね」と投げかけると、なぜかみんな、少しうれしそうな顔をします。

私自身も「変わっている」という言葉は、自分自身の個性を認めてもらっているような気がして、うれしいものです。

社長の仕事は「自身の個性を生かす」ことです。

あなたも自身の個性を生かして、社長になってみませんか？

おわりに

先日、ある友人が独立しました。

正直言って驚きました。独立しそうなタイプには見えなかったからです。

独立した理由を尋ねると、彼はこう言いました。

「鳥原さんが独立しろと勧めたから」

その言葉を聞いて、自分が軽い気持ちで社長を勧めていたのではないかと考えました。

ひょっとして、変なことをそそのかしてしまったのではないか……？

そんな思いが頭の中をよぎりました。

私の一言で、本来、組織の一員として平穏に送るはずだった彼の人生を、万が一の場合には路頭に迷わせてしまい、その結果、彼の家族にも迷惑をかけることになるのではないか……？

考えれば考えるほど、自己嫌悪に陥りました。

しかし私は、自分が「いい」と思ったものは、自信を持って「いい」と勧める人間です。

「社長」という仕事は間違いなく、今まで携わってきた仕事の中で最も素晴らしい仕事です。

私は20代の頃、「40歳までには起業して、社長になる」と決めていたものの、その思いは漠然としていました。

そのままずるずると40代に入ってしまい、「この年だから、もうこのまま企業勤めするのも一つの選択肢かな」とも思っていました。

でも、「自分にしかできない仕事って何だろう」と考えた結果、やはり自分自身の力で世の中にたった一つの会社をつくり、自分が経営して、自分がどこまでできるのかを試したいと一念発起して、起業を決意しました。

この10年、自分の努力だけでなく、多くの人の努力のおかげで乗り越えてこれました。

今思えば、私の未熟な社長力で多くの人に悲しい思いをさせたり、期待を裏切ってきたりしたのかもしれません。

その失敗を無駄にしないためにも、せめて会社を30年、そして100年と成長させ続けることが自分の使命だと思っています。

設立10年目には、そんな感謝の思いを込めて、10周年パーティでこれまで支えてくださった方にお礼をお伝えすることにしています。

あなたに「社長をしてはどうか」と投げかけたことに、私は一寸の曇りもありません。

むしろ、多くの方に自分のやりたいことを精一杯やってほしいと心から思っています。

そしてこの本を執筆した著者として、自らも立派に経営し、「ああ、あの人の本を読んでよかった」と思われる社長を目指していきたいと考えています。

私の毎日の「社長」としての仕事ぶりは、私の公式ブログ（https://ameblo.jp/inbasket55/）にアップしています。


最後に、『社長テスト』執筆の機会をくださったＷＡＶＥ出版の玉越直人社長、問題部分を作成するにあたり協力してくれた当社スタッフ、そして本書を編集してくださった前田浩弥さん、その他多くの関係者の方々に心からお礼を申し上げたいと思います。


そしていつもお読みいただいているあなたにもお礼を申し上げます。

ありがとうございました。

株式会社インバスケット研究所
社長　鳥原　隆志

[著者紹介]

鳥原 隆志 （とりはら・たかし）

株式会社インバスケット研究所　代表取締役
1972年生まれ。大学卒業後、大手スーパーのダイエーに入社。販売部門や企画部門を経験し、10店舗を統括する店舗指導員（スーパーバイザー）として店長の指導や問題解決業務に従事する。管理職昇格試験時にインバスケットに出合い、研究・トレーニングを開始。その経験を活かして株式会社インバスケット研究所を設立。企業のリーダー研修などのためのインバスケット教材開発と導入をサポートする。日本で唯一のインバスケット・コンサルタントとして活動中。
著書は『究極の判断力を身につけるインバスケット思考』（WAVE出版）など、40タイトル、累計70万部以上。

・株式会社インバスケット研究所公式ページ
　https://www.inbasket.co.jp/
・鳥原隆志公式ページ
　http://www.torihara-takashi.com/
・鳥原隆志公式ブログ
　https://ameblo.jp/inbasket55

※「インバスケット」は株式会社インバスケット研究所の登録商標です。

インバスケット思考3

社長テスト

あなたの資質と能力がわかる本

2018年12月11日　第 1 版第 1 刷発行

著　　者　鳥原隆志

発 行 者　玉越直人
発 行 所　WAVE出版
〒102-0074 東京都千代田区九段南3-9-12
TEL 03-3261-3713　FAX 03-3261-3823
振替00100-7-366376
E-mail: info@wave-publishers.co.jp
http://www.wave-publishers.co.jp/

印刷・製本　シナノパブリッシングプレス

ISBN978-4-86621-176-3
NDC335 253P 19cm